Louise von François, Oscar Faulhaber

Phosphorus Hollunder

Louise von François, Oscar Faulhaber

Phosphorus Hollunder

ISBN/EAN: 9783743402034

Hergestellt in Europa, USA, Kanada, Australien, Japan

Cover: Foto ©ninafisch / pixelio.de

Manufactured and distributed by brebook publishing software
(www.brebook.com)

Louise von François, Oscar Faulhaber

Phosphorus Hollunder

Phosphorus Hollunder,

Novelle von Louise v. François,

AUTHOR OF "DIE LETZTE RECKENBÜRGERIN," "STUFENJAHRE EINES GLÜCKLICHEN," ETC., ETC.

WITH EXPLANATORY NOTES,

BY

OSCAR FAULHABER, PH.D.,

PROFESSOR OF MODERN LANGUAGES IN PHILLIPS ACADEMY, EXETER, N. H.

BOSTON:

D. C. HEATH & COMPANY.

1887.

Phosphorus Hollunder saß am Schreibtisch seines mit Komfort und Zierlichkeit ausgestatteten[1] „Museums" — wie er es nannte — in der Apotheke zum Hollunderbaum,[2] die er neuerdings vom Keller zum Giebel modern hatte herstellen lassen. Er memorirte die Rede, mit welcher er heute, am Sylvesterabend,[3] die Schwesternloge[4] zu erbauen[5] gedachte. Denn Phosphorus Hollunder war Maurer;[6] — welcher Apotheker wäre in Herrn Hollunders jugendlicher Heldenzeit es nicht gewesen? — Er galt für den begeistertsten Sprecher in der Loge zur feurigen Kugel,[7] zumal an den Schwesternabenden, wo sein Vortrag kein schönes Auge trocken gelassen haben soll.[8]

Er hatte laut gelernt und ein helllobernbes Feuer in seinem Gemüt[9] entzündet. Mit großen Schritten ging er nunmehr im Zimmer auf und ab. Der Strom der Phantasie war sicher in das Gedächtnis geleitet; ein Anstoß nicht zu befürchten; wenn aber ja, so ist Phosphorus Hollunder der Mann, der sich auf seine Inspiration verlassen darf.

Angeregt durch liebliche Bilder von Frauenhuld und Frauenwürde, welche naturgemäß den Stoff seiner heutigen Rede bilden, drängt ihn aus allgemeinen Regionen eine unwiderstehliche Macht in die Heimlichkeit seines Herzkämmerleins[10] zurück und zaubert den Gegenstand seiner langen verschwiegenen Minne[11] leibend[12] und lebend vor den entzückten Blick. Da steht sie, die Hehre, die Cäcilia aller seiner zarten — leider nie veröffentlichten Lieder. (Den Zeitgenossen Hollunders brauchen wir kaum zu sagen, daß Urania und die bezauberte Rose[13] seine Vorbilder und Lieblingsdichtungen waren; das jüngere Geschlecht wird sich derselben aus der Literaturgeschichte erinnern.)

Das Herz geht dem Redner über.[14] Während er in starker Bewegung auf- und niederschreitet, ruft er aus:

„Verschmähst du mich, Blanka? Weisest mich von dir? O Mädchen, halte ein! Besinne dich, bedenke, ich bin ein gebildeter Mann, ein wohlangesehener Mann, — nicht auch ein wohl anzusehender Mann?"

Sein Blick fiel bei der letzten, nur gelispelten Frage in den goldumrahmten Trümeau[15] zwischen den Fensternischen; errötend senkte er die Augen jedoch hastig zu Boden und fuhr mit weichen Tönen in seiner Selbstempfehlung fort: „Bedenke, ich bin ein guter Mann; oder wenigstens, ich könnte es werden denn ich liebe dich, Blanka, und die Liebe macht gut."

Die alabasterne Stutzuhr schlug in diesem Augenblick sechs und spielte die Melodie von: „Wie der Tag mir schleichet, ohne dich verbracht." Eine Mahnung an die Toilette; denn um sieben sollte die Versammlung ihren Anfang nehmen und Herr Hollunder war an bedeutenden Tagen gern der Erste.

Er zog daher den palmendurchwirkten Kaftan¹⁶ aus der in Verbindung mit dem purpurfarbigen Fez¹⁷ ihm ein ausnehmend muselmännisches Ansehen gab, wenn schon er in allem Uebrigen durch morgenländische Kennzeichen oder Neigungen je nachdem weder interessiren noch abstoßen konnte. Rauchte er doch nicht einmal und trank statt des Koffes Chokolade. Auch war sein Haar von der Helle des Flachses und sein Nasenbein schlug¹⁸ auch nicht entfernt einen orientalischen Adlerhaken.

Ohne sich in seinem peripathetischen Ergüssen stören zu lassen, begann er darauf, sich in den Gesellschaftsanzug zu hüllen, der fürsorglich auf dem Sofa ausgebreitet lag. Indem er die Weste von himmelblauem Moiré überstreifte, durchzuckte es ihn aber plötzlich wie bei dem Stich eines giftigen Insekts und es dauerte eine Weile, bis die grelle Dissonanz in elegische Molltöne überging.

„Was kann dir dieser Lieutenant sein, Blanka?" fragte er. „O, fliehe ihn, fliehe ihn! Er wird dich verderben. Es ist nicht Sitte und Treue in ihm, und Sitte und Treue sind die Pfeiler, auf welche das Weib sein Glück zu bauen hat. Und doch lächelst du ihm, Geliebte! O, wohl sehe ich es, wie holdselig du lächelst, wenn er unter deinem Fenster vorübergaloppirt. Ich sehe es und es schneidet mir durch das Herz. Was reizt dich an dem Lieutenant, Blanka? Kann reiten glücklich machen? Oder eine blitzende Uniform? Heißt das Bildung: über Hindernisse setzen, ein keuchendes Pferd zu Tode jagen? Das Aß in der Karte, den armen Vogel im Flug zu treffen ohne Fehl? Er wird dein Herz treffen, Mädchen. Er ist ein roher Gesell. Ich habe ihn beobachtet am Pharaotisch und bei der Bowle. Da offenbart sich des Mannes Natur. Ich spiele niemals und beim Glase werde ich traulich und mache Verse, wie die Freunde sagen. Aber dieser Lieutenant, o, o! Was elektrisiert euch Frauen, sobald er sich zeigt? Hat er Bildung? Hat er Geist? Hat er nur ein Herz? — Er trägt einen Orden, weil er, es ist wahr, eine kühne, eine edle That gethan. Aber es geschah in jachem Affekt, nicht aus besonnener Wahl. Das ist kein Wert, der dauernd ein zärtliches Weib beglückt. Er besitzt auch eine schöne Gestalt und — — —"

Wieder fiel Phosphorus Hollunders Blick in den Spiegel und er lächelte nicht ohne Befriedigung, während er die Schleife des weißen Atlastuches breit zog. „Und — Schönheit ist allerdings ein Schlüssel, der uns die Pforten der Menschenherzen erschließt. Das beweist dein Anblick, Blanka, dein allesbewältigender Anblick! Aber Schönheit des Leibes allein? Nein, Geliebte, wäre nicht auch deine Seele edel und hold, ich würde dich fliehen, wie eine Schlange."

„Du bist arm, mein Kind," fuhr er nach einer Pause fort, indem er die blitzende Diamantnadel in dem spitzengeränderten Jabot [19] befestigte. „Du bist arm, mein Kind, und das beglückt mich; so werde ich dir manche Freude bereiten dürfen, die du jetzt nicht kennen lernst. Denn ich gebe so gern; und wem gäbe ich lieber als dir? Dein wäre alles, was mein ist und ich nur dein Sklave."

„Aber du bist ein Edelfräulein; bist du auch stolz, Mädchen? Blanka von Horneck, ein ehrwürdiger Name! Indessen auch der Hollunder Erinnerung reicht Jahrhunderte zurück. Betrachte über der Apotheke den Baum in grauen Stein gemeißelt, das Wahrzeichen unseres Geschlechts und darunter die Jahreszahl 1530. Wir haben uns die schöne Sitte des Adels angeeignet in Bild und Schrift, das Andenken unserer Ahnen ehrfürchtig zu wahren. Drei Jahrhunderte blicken wir zurück auf Väter, die unserer Stadt zum Muster bürgerlicher Tugend[20] und Treue gereichten, auf häusliche, züchtige Mütter, Vorbilder ihres Geschlechts. Drei Jahrhunderte lang vererbte die Apotheke auf einen Erstlingssohn, einen Phosphorus, das heißt Lichtbringer, Lichtmagnet, Morgenstern! Ein bedeutungsvoller Name! Ich habe ihn wieder angenommen statt des nüchternen ‚Ernst,‘ den meine Eltern ihm beigefügt hatten. Ernst Hollunder — wie unmelodisch, wie nichtssagend! — Die jüngeren Söhne unseres Geschlechts widmeten sich dem geistlichen oder gelehrten Stande. Es giebt manchen namhaften Hollunder in den Annalen der Wissenschaft. Gern wäre ich ein jüngerer Sohn gewesen; aber ich bin der einzige. Ich befasse mich wenig mit meinem Geschäft; ich habe höhere Interessen; doch der Pflicht, welche solche Vergangenheit auferlegt, durfte ich mich nicht entziehen; ich mußte die Apotheke übernehmen. — Ich bin eine Waise, ohne Geschwister, ohne nahe Verwandte," rief jetzt der gute Hollunder mit übergehenden[21] Augen, „ach, liebe mich, Blanka, werde du mein Alles!"

Mühsam bewältigte er die weichmütige Anwandlung und trat nun, mit dem schwarzen Leibrock die festliche Toilette beendend, noch einmal musternd vor den Spiegel. Ein Blick genügte, ihm sein Selbstgefühl wiederzugeben. „Und dann, Blanka von Horneck!" rief er plötzlich, den Kopf stolz in den Nacken werfend, „Blanka von Horneck, was ist Adel heutigen Tages? Adel ist Bildung. Stelle mich dem Lieutenant gegenüber in einem Turnier des Geistes und er wird seinen Mann gefunden haben, setzte er nach einer Pause, sie und sich selbst entschuldigend hinzu. — Aber, nein doch, nein. In dir ist keine Schwäche, kein Vorurteil. Du bist rein wie eine Frühlingsblüte. Dein großes, demütig gesenktes Auge, die edle Humanität deiner Mutter sind mir Bürgen; du bist, deinem ritterlichen Namen zum Trotz, ein Kind deiner Zeit; du verschmähst nicht das bürgerliche [20] Gewerbe eines Gatten unter dem Ehrenmantel der Bildung. Indessen — solltest du — fändest du — hättest du — o, nur ein Wort — Geliebte — nur einen Wink — und ich opfere dir meinen Stammbaum, ich verpachte die Apotheke, ich kaufe mir ein Rittergut; Blanka, ich mache dich zur Edelfrau."

* * *

Die Uhr schlug halb sieben;[22] Herr Hollunder mußte sein Selbstgespräch beenden, so viel er noch auf dem Herzen hatte; doch fühlte er auch jetzt schon sich erleichtert und frei; seine

Werbung war so gut wie angebracht, seitdem er ihre Berechtigung sich selbst klar gemacht hatte. Blanka von Horneck, die er seit seinen Schuljahren im Stillen verehrt, mußte ihn jetzt verstehen ohne Worte; er hatte eine sichere Stellung ihr gegenüber eingenommen. Nun nur noch ein Bürstenstrich durch die hochgelockte Tolle[23] über seiner Stirn, ein Flacon Eau de lavande über das seidene Taschentuch gesprengt, die weißen Handschuhe angepreßt, den Karbonari[24] übergeworfen und freudig bebenden Schrittes hinüber in die Loge zur goldenen Kugel.

Im Vorsaal stieß er auf die alte Justine, die seine Kinderfrau gewesen war und nun das Hausregiment führte. „Was machst Du hier auf dem zugigen Korridor?" fragte er gütig, „Du wirst Dich erkälten, liebe Muhme."

„Ich stehe Wache, Herr Hollunder," versetzte die Alte, mit weniger Freundlichkeit als ihr Herr.

„Du stehst Wache? Wache gegen wen?"

„Gegen die gottlosen Buben, die Lehrlinge unten."

„Gegen meine jungen Herren?"

„Ja, gegen die ausverschämten jungen Herren, just gegen die."

„Aber erkläre mir, Muhme — —"

„Nun, was ist da viel zu erklären? Der Herr Hollunder waren wieder einmal im Zuge mit einer Predigt; da laure ich dann auf, um die Schlingel fortzujagen, wenn sie auf dem Wege nach dem Kräuterboden[25] hier am Schlüsselloche horchen und sichern, die nichtsnutzige Brut!"

„Spreche ich wirklich laut, wenn ich allein und in Gedanken versunken bin, Justine?"

„Laut und vernehmlich wie von der Kanzel herab, mein Herr Hollunder. Aber nur nicht genirt; ich passe auf. Und was mich anbelangt, meine Ohren müssen in der letzten Zeit gewaltig schwach geworden sein; ich habe dicht am Schlüsselloch den Zusammenhang heute nicht unterscheiden können."

Herr Hollunder lächelte. Das kommt vom Alleinsein, dachte er bei sich selbst. Man wird sein eigener Unterhalter, man wird am Ende noch ein Egoist. Uebrigens glaube ich wirklich, daß ich zum Redner geboren bin! „Aergere Dich nicht, alte Seele," tröstete er darauf mit freundlicher Würde seine alte Duenna,[26] „ärgere Dich nicht, wenn die jungen Herrn mich einmal wieder belauschen sollten.[27] Sie werden nichts Ungeziemendes aus meinem Munde vernehmen. Ein alter Römer hat einmal gesagt," — so setzte er im Fortgehen mehr an sich selbst gerichtet hinzu, — „er möchte von Glas sein, daß seine Mitbürger jederzeit den Grund seiner Seele überblicken könnten. Es giebt auch deutsche Männer, die wie dieser Römer denken!"

Herr Hollunder stand schon unter der Thür, als er sich noch einmal zurückwendete, um seiner Wirthschafterin zuzurufen:

„Laß es heute, am Sylvester, den jungen Herren ja an nichts fehlen, liebe Muhme. Spare keine feine Zuthat beim Heringssalat, weil ich ihn nicht mit verzehre. Der kleine Keller ißt so gern Kuchen. Sei mir beileibe nicht knauserig mit Stollen[28] und Pfefferscheiben, hörst Du, Alte. Du aber, treue Seele, bleibe mir ja nicht etwa auf, bis ich zurückkehre. Schlafe gemächlich hinein[29] in das neue Jahr, in welchem der liebe Gott Dich erhalten möge frisch und kräftig wie bisher."

Herr Hollunder ging; die alte Justine wischte sich eine lange Weile die Augen.

„Welch ein Herr!" schluchzte sie. „Der richtige Engel, mein Phosphorus! Und wenn ich dermaleinst vor Gottes Thron erscheine, werde ich sagen: ich habe ihn aufgezogen, und voller Gnaden empfangen werden. Großmütig wie ein Löwe. Die ausverschämten Bengel soll ich noch extra traktieren!"

Während dessen nahm Herr Hollunder den Weg durch seine Apotheke. „Ich kann diesen festlichen Abend nicht in Ihrem Kreise feiern, meine Herren," sagte er, indem er seinem Provisor die Hand drückte. „Ich verlasse mich, wie in allen Stücken, auf Sie, mein lieber Speck. Machen Sie freundlich den Wirt an meiner Statt. Er versteht sich auf einen kräftigen Punsch so gut wie auf jedes andere heilsame Gebräu, Sie können ihm vertrauen, meine junge Herren. Ich wünsche Ihnen allen einen fröhlichen Eintritt in das neue Jahr!"

Die jungen Herren wünschten desgleichen und aufrichtigen Herzens; denn niemals hatten Lehrlinge einen gütigeren Lehrherrn gehabt als die des kaum vierundzwanzigjährigen Herrn Hollunder. Einer wie der andere würde daher durchs Feuer für ihn gegangen sein, wenn[30] er es sich auch nicht zur Sünde an=

rechnete, auf dem Wege nach dem Kräuterboden an seiner Thür zu horchen und seine Gemütsergüsse zu bekichern.

*   *   *

Ueber unseres Freundes Erlebnisse während der nächstfolgenden Weihestunden müssen wir schweigen, da das Mysterium des königlichen Baues³¹ dieselben deckt. So viel darf ohne Treubruch indessen ausgeplaudert werden, daß Blanka von Horneck, die nebst ihrer Mutter, der Wittwe eines ehemaligen Bruders, eine Ehreneinladung³² erhalten hatte, ihm niemals so holdselig erschienen war wie heute in ihrem weißen Gewande mit, den lichtblauen Schleifen. „Blau, die Farbe des Himmels und ihrer Augen, die Farbe der auserwählten Seelen", wie er ihr während seiner Tischnachbarschaft³³ zuflüsterte, indem er einen verschämten Blick auf sein blaues Gilet fallen ließ. Er fühlte sich in einer unbefangeneren Stimmung als sonst ihr gegenüber, trat mit seinen Ansprüchen kühner hervor und als nach dem feierlichen Neujahrsgruße die Gesellschaft sich trennte, bot er, zu ritterlichem Geleit, beiden Damen von Horneck seinen Arm. Nur die Mutter nahm denselben jedoch an; das Fräulein hüpfte unter dem Vorgeben, daß die Schneebahn für drei Personen zu schmal sei, hinter der voranleuchtenden Laterne der Dienerin.

„Sie haben eine warme Schilderung von dem Werte und der Bestimmung des Weibes entworfen, Herr Hollunder," sagte

nach einiger Zeit die Majorin³³ von Horneck, da sie es für
angemessen hielt, ihren Beschützer durch ein anerkennendes
Wort über seinen Vortrag zu belohnen. „Möchten Sie das
Traumbild Ihrer Seele im Leben verwirklicht finden!" „Ich
habe es gefunden!" fiel Herr Hollunder rasch und feurig ein,
stockte aber jählings, errötete dem nächtlichen Dunkel zum Trotz
und setzte nach einer Pause mit innigem Klang hinzu: „Auch
Sie, gnädigste Frau Majorin,³³ sind mir solch ein erfülltes
Traumbild der Seele. Ich habe meine selige Mutter nie
gekannt; so oft ich mir aber ein Bild von ihr zu machen suche,
erscheint es mir unter Ihrer edlen, hochverehrten Gestalt."
Was hätte ein junger Mann der Matrone Schmeichelhafteres
sagen können. Frau von Horneck drückte schweigend seine
Hand; er zog sie an die Lippen, und da sie just vor dem Hause
standen, suchte er, sich empfehlend, die der Tochter zu gleicher
Huldigung zu fassen. Blanka entzog sie ihm hastig und schlüpfte
in die Thür. Dennoch ging unser Freund in einem Rausche
von Seligkeit nach Hause. Der warme Handdruck der alten
Dame deckte das frostige Ablehnen der jungen. Er träumte
in der heiligen ersten Jahresnacht von seiner Mutter im Himmel
und von den blauen Augen ihrer Nachfolgerin unter dem
Wahrzeichen des Hollunderbaums.

* * *

Frau und Fräulein von Horneck blieben dagegen in ihrem
gemeinsamen Schlafzimmer noch stundenlang wach. Das

schöne Kind hatte sich, abgespannt von der langen Abendtafel mit ihren Reden und Liedern, alsobald niedergelegt; die Mutter setzte sich an der Tochter Bett und sprach:

„Der Rückblick aus dieser Nacht in ein abgelaufenes Jahr, in ein ablaufendes Leben, ein unwillkürlich banges Ahnen der Zukunft, hat je öfter je mehr etwas Herzbewegendes. Mir ist es nicht wie Ruhen zu Mute."³⁴ Ich möchte noch ein Weilchen mit Dir plaudern, Blanka; vorausgesetzt, daß Du nicht allzu ermüdet bist."

„O, wenn Du zu mir redest, Du gute, kluge Mama, da werde ich wieder munter und wenn ich noch so müde bin," versetzte die Tochter, sich zärtlich an die Mutter schmiegend. „Dir hörte ich zu die ganze Nacht; und wenn Du mir erlaubst, liegen zu bleiben, verstehe ich Dich noch einmal so leicht und antworte Dir viel klüger als beim Sitzen oder Gehen."

„So laß Dein Köpfchen ruhen, kleine Schmeichelkatze,"³⁵ entgegnete die Mutter. „Denn Du könntest Dich nicht klar und ernst genug fühlen, angesichts einer Entscheidung, die sich kaum über diese Nacht hinaus verzögern lassen³⁶ wird.

„Ich, ich mich entscheiden?" fragte Blanka erstaunt. „Ueber was denn, Mama?"

„Herrn Hollunders Absichten in Bezug auf Dich scheinen mir unzweifelhaft, Blanka. Es wäre ein großes Unrecht, dem redlichen Manne gegenüber eine Zweideutigkeit, oder auch nur ein Hinhalten walten zu lassen. Du mußt Dich zu einer Wahl entscheiden, liebe Tochter."

„Zu einer Wahl? Giebt es denn hier eine Wahl, Mama?"
„Nach meiner Meinung: nein. Aber doch vielleicht nach der Deinen. Oder wärest Du bereits entschlossen, seine Hand anzunehmen?"
„Hollunders Hand, dieses Narren Hollunder, Mütterchen?"
„Hüte Deine Zunge, Blanka. Ich kenne wenig bessere Menschen, keinen, der Dir beglückendere Aussichten zu bieten hätte."
„Als Hollunder? Du scherzest wohl, liebe Mutter?"
„Nein, mein Kind. Ich spreche im heiligsten Ernst, nach strengen Erfahrungen des Lebens. Oder schätzest Du diese nimmermüde Güte, diese gleichmäßige Heiterkeit, schätzest Du ein unschuldiges, warmes Herz so gering, um dagegen etliche lächerliche kleine Anhängsel in Betracht zu bringen, welche der erste beste Schicksalssturm" abstreifen wird? Hollunders Geschmacklosigkeiten sind Auswüchse einer mühelosen Jugend, einer allzu bequemen Lage in kleinstädtisch bürgerlichen Verhältnissen, eines Berufes, der zwischen Gewerbe und Studium die Mitte hält und dem er sich leider bis jetzt nicht mit ausfüllendem Ernste widmet. So verfällt er in Spielereien, in einen mitunter, ich gebe es zu, etwas läppischen Dilettantismus, während junge Edelleute, zumal im Militärstande, während einer langen Friedenszeit wie die unsere ———"

„Aber Mama, welch ein Vergleich! Unsere Offiziere ——"

„Die Gegenüberstellung würde überflüssig gewesen sein, wenn ich nicht wüßte, Blanka, wie ausschließlich Du Dich, als

Soldatenkind, in diese gesellschaftlichen Kreise gestellt fühlst.
Ich wiederhole daher: während junge Militärs,⁹⁶ in der ähn=
lichen Lage, ihre Kräften icht hinlänglich zu verwerten, nur allzu
oft in das entgegengesetzte Extrem verfallen und einem maßlosen
Sinnengenusse fröhnen. Einen mir vorschwebenden Namen
aus dieser Kategorie will ich unterdrücken. Du errätst ihn, liebe
Tochter. Dünkt es Dir nun aber verzeihlicher, zu spielen, zu
trinken, aus bloßem Zeitvertreib Sitte und Tugend Hohn zu
sprechen, als im unbestimmten Drange nach etwas Höherem,
in Gebieten umherzuschweifen, für welche die berechtigende Kraft
des Talents gebricht? Keine häufigere und leichtfertigere
Neigung bei unserer Abschätzung der Menschen, liebe Blanka,
als eine Irrung des Geschmacks höher anzuschlagen, das heißt
verwerflicher zu finden, als einen Fehler des Gemüts, das
Lächerliche mehr als das Laster, den Ueberschwang der Idealität
mehr als deren gänzliches Verneinen. Menschen wie Hollunder
werden bald genug im rechtmäßigen Takte schreiten lernen,
wenn eine ernste Erfahrung, eine bedeutende Pflicht, ein wahrer
Schmerz gleich einer Taufe des Geistes sie überkommt. So
wie an einem Bildwerke von Holz oder Stein die edle künst=
lerische Gestalt erst zu Tage tritt, wenn ein Regenguß die Farbe
abspült, mit welcher kindischer Ungeschmack ihr ein lebhafteres
Ansehen zu geben versuchte. Auch die Ehe ist solch ein kläen=
des Bad; eine geliebte, gebildete Frau leitet einen Mann
unmerklich auf die geziemende Bahn und macht ihn zu dem,
wofür die Natur ihn bestimmte. Der Uebergang mag peinlich

sein, mein gutes Kind; aber der Erfolg ist gewiß und der Lohn unermeßlich."

„Ich bin nicht erfahren genug, liebe Mutter," entgegnete Blanka, „um mit Deinen Ansichten zu rechten. Ich weiß nur, daß mein innerstes Wesen sich gegen dieselben sträubt. Ist es mir doch niemals in den Sinn gekommen, daß Du ein derartiges Loos für mich im Sinne haben könntest." Phosphorus Hollunder! — schon dieser lächerliche Name!"

„Ist die Schule unseres Lebens danach gewesen, um Vorurtheile in ihr groß zu ziehen?" fragte die Mutter. „Warum ist der Name Hollunder Dir lächerlich, Blanka?"

„Wer denkt nicht dabei an ein Transpirationsmittel, Mama?" versetzte Blanka kichernd. „Zumal bei einem Apotheker."

„Keine Possen, Kind! Setze ein Adelszeichen vor den Namen und Du wirst ihn wohllautend und ehrwürdig finden, so gut wie Ochs, Kalb, Gans, Niedesel und hundert andere, mit denen sich weit lächerlichere Vorstellungen verbinden lassen. Hat Dir mein eigener Familienname „von Schweinchen" jemals Anstoß erregt? Drei kleine Buchstaben vermögen Dich mit einer just nicht galanten oder sauberen Namensvetterschaft zu versöhnen und Phosphorus v o n Hollunder würde Dein Oehrchen, kleine Thörin, durchaus nicht mißfällig berühren, gelt?"

Blanka schüttelte den Kopf in einer Stimmung, die zwischen Weinen und Lachen die Mitte hielt. „Einen Mann Phosphorus zu nennen!" sagte sie.

„So taufe ihn um," entgegnete Frau von Horneck lächelnd, „nenne ihn Ernst; seine Mutter hat ihm diesen zweiten Namen beigefügt, vielleicht weil sie Deine Bedenken vorgefühlt. Ich weiß indes recht wohl, daß Dein Einwand nur ein Vorwand ist und daß der Name Dir nur darum widersteht, weil er Dich an das bürgerliche Gewerbe erinnert. Das Gewerbe kränkt Deinen Stolz. Aber worauf bist Du stolz, Blanka? Weißt Du etwas mehr von Deinen Vorfahren, als Herr Hollunder von den seinen? Daß sie brave, ehrenhafte Leute gewesen sind, hier in einer bescheiden bürgerlichen, dort in einer bescheiden militärischen oder Beamtenstellung; mag der Ausgangspunkt der letzteren ein wenig glänzender, der der ersteren ein wenig dunkler gewesen sein: ihr beiderseitiger Bildungsgrad wird seit Generationen sich nicht wesentlich unterschieden haben. Was aber den Apotheker anbelangt, — liebe Blanka, würdest Du gegen einen Landwirt etwas einzuwenden haben? Warum scheint es Dir nun geringer, mit Gewissenhaftigkeit und Kenntnis die Kräfte der Natur zu verwenden, um der schwersten Menschenplage, der Krankheit, entgegen zu wirken, warum scheint es Dir geringer als seinen Acker zu bebauen, Vieh zu mästen, Korn und Wolle zu verhandeln und auf diese Weise, gleichfalls im Dienste der Natur, die ersten Lebensbedürfnisse zu befriedigen? Gestehe es, Kind, nur darum, weil Du auch solche, die Du für Deines Gleichen hältst, derlei ländliche Handtierungen treiben siehst und Dir noch kein adeliger Apotheker bekannt geworden ist. Also aus Vorurteil. Wollte ich Dir nun aber auch, wenn gleich nicht die Berechtigung, so doch eine verbreitete Wirksamkeit gewisser geistiger Gewöhnungen, die wir Vorurteile nennen, zugestehen, so müßte ich Dir in diesem Falle doch eine weit verbreitetere Wirksamkeit entgegensetzen, denn Herr Hollunder ist ein so` wohlhabender Mann, daß alle gang und geben Vorurteile vor seinem Reichtum verschwinden müssen."

„Ich verstehe Dich nicht mehr, beste Mutter," wendete Blanka ein. „Heute empfiehlst Du den Reichthum eines Mannes und wie oft hast Du mir das Verächtliche einer Spekulationsheirat" vorgehalten?"

„Ich thue es noch, mein Kind, insofern eine Heirat nur Spekulation, insofern es n u r der äußere Glanz ist, welchen ein Mädchen in der innersten menschlichen Verbindung sucht. Bei einem Manne von Hollunders Charakter wird der Reichtum zu einem erfüllenden Segen. Ich weiß, daß es einer ernstgebildeten Frau,"² — daß es v i e l l e i c h t auch Dir, liebe Blanka, die Zufriedenheit nicht verkümmern wird, wenn sie ein baumwollenes Kleid statt eines seidenen trägt; ein einfaches Mahl von Fayence genießt, statt Leckerbissen von kostbarem Gerät. V i e l l e i c h t, sage ich, da ja in dem sich so mächtig verbreitenden Luxus unserer Zeit eine bedenkliche Versuchung selbst für die Bescheidene liegt. Unter allen Umständen jedoch ist es auch für die Bescheidenste schwer, den Bissen zu berechnen, mit dem sie den Gastfreund bewirten, den Groschen, mit welchem sie den Dürftigen unterstützen möchte, ihre wärmsten Impulse allezeit unter Kontrole zu halten. Bei Deiner erregbaren Natur, liebe

Blanka, ist es doppelt schwer. Ich fürchte, ich fürchte," — Frau von Horneck seufzte bei dieser Wendung — „daß sich viel vom Deines Vaters Wesen in dem Deinen fortgeerbt hat, mein armes Kind."

„Du fürchtest das?" fragte Blanka betroffen, da sie gewohnt war, den frühverstorbenen Vater mit uneingeschränkter Hingebung zu verehren. „Du fürchtest es? War mein Vater nicht edel und gütig? Liebtest Du ihn nicht, meine Mutter?"

„Er war ein edler, gütiger Mann, und ich liebte ihn, Blanka," antwortete Frau von Horneck und seufzte wiederum bei den Worten. „Dennoch habe ich viel mit ihm und durch ihn gelitten. Denn sein Temperament und Geschick lagen in dauerndem Zwiespalt, ohne daß eines mächtig genug gewesen wäre, das andere von Grund aus zu bewältigen. Ich werde Dir diese Erfahrungen ehestens näher bezeichnen, da ich Dich vor einer Krise stehen sehe, in der sie Dir zur Lehre werden können. Heute möchte ich Dir nur noch sagen, wie tief es mich beglücken würde, wenn ich Dich ähnlichen Konflikten entzogen wüßte, wurzelnd in einem Boden, in welchem herzensfreundliche Triebe sich entfalten dürften, ohne sich — häufig mehr als unsere Irrtümer — in Klippen umzuwandeln, an welchen ein Lebensschiff nur allzu oft scheitert."

Blanka ergriff der Mutter Hand; sie fühlte sich je länger je tiefer von deren Ernste bewegt. Frau von Horneck fuhr fort:

„Du hast in der bescheidenen, aber gesicherten Einrichtung, welche mein Jahrgeld mir gestattete, wohl Beschränkung, aber

keine Not, keine Sorgen kennen lernen. Schließst ich die
Augen, bleibst Du mittellos zurück, ohne eine Familie, in
deren Verband Du Dich natürlich und schicklich einrichten
könntest — —"

"O, sprich nicht von dieser *momentanen* Möglichkeit,
Vater!" rief das junge Mädchen mit überströmenden Augen.
"Du kannst, Du darfst nicht vor mir sterben. Wie sollte ich
leben ohne Dich!"

"Doch, mein Herz, sprechen wir einmal von dieser Möglich=
keit; sie dürfte Dir weniger fern liegen, als Du glaubst." ent=
gegnete Frau von Herrnеck sanft. "Mein kränkliches Aussehen
täusche Dich nicht. Ein plötzliches Sterben ist sehr erblich in
meiner Familie; auch mein Leben kann rasch abgeschnitten
werden. Was dann mit Dir, mein armes Kind? Eine günstige
Heirat für eine unvermögende Tochter der gebildeten Stände
wird heut zu Tage je mehr und mehr zu einer Chance wie das
große Los" und auf bisher noch wenig gebrochener Bahn selbst=
ständig durch die Welt zu dringen, bedingt für uns Frauen einen
harten Kampf. Glaubst Du Dich solchen Kampfes fähig,
Wanda? Sieh unsere arme Cousine Viktorin an, wie sauer es
ihr wird, sich durch Musik= und Sprachstunden notdürftig zu
erhalten. Denke Dich in ähnliche Lagen als Lehrerin, Erzie=
herin, Gesellschafterin, allemal als eine Abhängige. Stelle
dagegen ein Los an der Seite eines geachteten, liebenden
Gemahls, in gesicherten, bürgerlichen Besitz; ein Walten in
angemessener weiblicher Sphäre, in unverkümmerter* Freiheit,

gütige Neigungen und anmutige Fähigkeiten zu Tugenden und Wohlthaten auszubilden."

„Aber ich liebe diesen Hollunder nicht!" rief Blanka aufgeregt. „Er ist mir gleichgiltig; nein, nein, er ist mir widerwärtig!"

„Ich will diesen starken Ausdruck Deiner Ueberraschung zu gute halten," Blanka," versetzte die Mutter. „Schon die Gleichgiltigkeit würde als Einwand genügen. Denke darüber nach, ob dieselbe der Achtung und Dankbarkeit, die Du nicht versagen kannst, dauernd widerstehen, ob letztere sich nicht in Freundschaft und endlich in Neigung umwandeln könnten, ob Du Dich unfähig fühlst, im Recht- und Gutesthun den Ballast für Dein Lebensschiff zu finden. Bringe auch die Gewöhnung in Anschlag, die selbst üble Zustände erträglich macht, wie viel mehr aber den Trefflichen zu gebührender Schätzung verhilft. Die ausgleichende Macht der Ehe und des Familienlebens ist eine unbestreitbare Erfahrung. Ferne sei es von mir, Dich zu überreden, wo ich Dich nicht überzeugen kann. Aber es war meine Pflicht, die Vorurteile zu zerstreuen, die schattenartig das Bild eines guten Menschen umfloren; den Blendungen der Jugend gegenüber Deine innere wie äußere Lage in das gehörige Licht zu setzen. Jetzt schlafe, mein Kind, und Gott wache über Dich in einem neuen Jahr."

Frau von Horneck beugte sich thränenden Auges über die geliebte Tochter, die ihre Arme um der Mutter Hals geschlungen, lange Zeit schluchzend an ihrem Herzen lag.

Dann drückte sie einen Kuß auf Blankas Stirn und legte sich zur Ruhe.

Blanka war erschüttert. Die Vorstellung, ihre Mutter verlieren zu können, durchzitterte sie zum erstenmale, bestürmte sie mit Angst und Entsetzen. Aber eine frohe Jugendlichkeit vermag so düstere, wesenlose Bilder nicht festzuhalten. Andere und wieder andere drängen sich vor. Phosphorus Hollunder als Bräutigam! Weiter trägt der jungfräuliche Blick noch nicht. Er prallt schon ab an dieser ersten Klippe. Und, wie durch Zauber, taucht am Rande derselben eine andere Gestalt empor; undeutlich, unbestimmt, es ist wahr, aber mit allen Reizen der Schönheit, der Ritterlichkeit, kühn erfassenden Verlangens. Assur von Hohenwart, der junge Husar, der seit kurzem in die Stadt versetzt, alle Zungen von sich reden, alle Mädchenherzen schlagen macht. Die Mutter hatte, ohne ihn zu nennen, warnend auf ihn hingedeutet; aber Mütter müssen wohl eine andere Sehlinie haben als ihre Töchter.

Die Tochter sieht ihn, das verunglückte Kind zu retten, dem Ziehbrunnen zustürzen, sich am Seile in die grausige Tiefe winden, sieht nach einer Pause lautlosen Erstarrens den Edlen mit zersetzten Händen, blutend, besinnungslos in die Höhe ziehen, das gerettete Kind im Arm. Das Zeichen dieser heldenmütigen That glänzt wie ein Stern auf der jugendlichen Brust. Dann, wenige Wochen erst sind es her, dann sieht sie sich selbst, lauschend hinter der Gardine hervor, als der Vielbesprochene zum erstenmale unter ihrem Fenster vorüber=

sprengt. Plötzlich hemmt er das feurige Roß und mit kühnem Blick die Lauscherin erspähend, senkt er huldigend die Spitze seines Degens vor der Errötenden.

Und dieser ritterlichen Erscheinung gegenüber steht lächelnd Phosphorus Hollunder, wie er im Theekränzchen allbekannte Balladen deklamirt, mit schwacher Stimme Liebeslieder zur Guitarre singt, wenn nicht gar über dem Herdfeuer widerliche Mixturen braut. Sie wagt es, sich als Braut an Assur von Hohenwarts Arme durch die Hauptstraßen wandelnd vorzustellen, mit stolzem Glück die nachschauenden Blicke der Bewunderer und der Neider genießend. Dann wieder, an Phosphorus Hollunders Arme, dem spöttischen Lächeln der Bekannten ausweichend, mit niedergeschlagenen Augen ihren Gruß vermeidend, sich durch Hintergäßchen drückend. Hundert ähnliche Bilder drängen, scheuchen, jagen einander, bis endlich der Schlaf geschlichen kommt, der gute, bilderlöschende und bilderzaubernde Schlaf. „Assur von Hohenwart — Phosphorus Hollunder" — flüsterte die Lippe noch, halb schon im Traum. „Assur! Assur!" — und sie schlummerte ein.

* * *

Am Neujahrsabend war Ressourcenball." Herr Hollunder, als Vorsteher, der erste auf dem Platze. In seidenen Strümpfen, Schnallenschuhen, chapeau claque, Weste und Binde von weißem Atlas, musterte er noch einmal die Orden, Schleifen,

Sträußchen, Bonbons und Nippes,⁴⁷ die er aus eigener Tasche angeschafft und mit denen er einen hohen Christbaum geschmückt hat. Herr Hollunder weiß, w e m er beim Cotillon⁴⁸ mit den sinnigsten Darbietungen seine Gunst bezeigen wird.

Im Hintergrunde des Saals erhebt sich auf einem haut pas⁴⁹ zwischen Blumengruppen eine Art von Thron, über welchem, goldflimmernd,³² ein riesiger Pantoffel schwebt. Einem Teil des schönen Geschlechts und just dem wichtigsten Teil für den Ordner ist durch die gestrige Schwesternloge das unbestreitbare⁴⁸ Herrscherrecht der Sylvesterstunde verkümmert worden. Herr Hollunder wird den Beeinträchtigten heute glänzend Genugthuung geben. Er neigt sich a priori⁵⁰ vor der Würdenträgerin, welcher er das Scepter zu einem mütterlichen Regimente unter dem schwebenden Pantoffel⁵¹ überreichen wird; ach, nicht bloß für diese eine Jahresstunde überreichen möchte. Alles, was er sinnt und schafft, ist Symbol, ist zarter Wink. Trotz dieser Beflissenheit ist Herr Hollunder indessen nicht unbefangen, wie sonst bei seiner gesellschaftlichen Pflicht. Während er mit Anmut und Würde die ersten eintretenden Damen bewillkommnet, schlägt sein Herz wie ein Hammer unter dem glänzenden Gilet und krampfhaft heftet sich zwischen Bückling und Bückling das Auge nach der Thür, durch welche die Ersehnte eintreten wird. Trägt sie den Strauß, den er am Morgen in seinem Treibhause gepflückt, ihrer würdig, einer Königstochter, sinnvoll gleich einem Selam,⁵² eigenhändig gebunden und nebst einer zierlichen Karte für die hochverehrte

Frau Mutter als Neujahrsgruß übersendet hat? Trägt sie ihn, so wird er dieses Zeichen der Huld für einen Schiedsspruch des Schicksals halten.

Der Saal ist überfüllt. Herr von Hohenwart lehnt mit gekreuzten Armen unter der Thür des Speisezimmers; Herr Hollunder schwebt angstvoll gespannt und doch gefällig die Reihen auf und nieder. Endlich, endlich — da tritt sie ein an der Seite der stattlichen Mutter! Phosphorus Hollunder zwingt einen jauchzenden Aufschrei in seine Brust zurück, denn zu einem duftigen Gewande trägt die Holde im Haar den weißen Kamelienzweig, den er als Krone in seinen Strauß gewunden. Ihr einziger Schmuck! Blanka sah blässer aus als gewöhnlich, ihr großes Auge war umflort und ruhte häufig am Boden, aber nicht nur unserem Freunde erschien sie von zauberischem Reiz; auch Herr von Hohenwart, dieser Kenner und gefürchtete Kritiker der Frauenschöne," betrachtete das holde Geschöpf mit Entzücken. Herr Hollunder stürzte den Eintretenden entgegen, reichte Frau von Horneck die Hand zur eröffnenden Polonaise," gab mit seinem weißseidenen Taschen= tuche dem Orchester das Signal zur eröffnenden Polonaise und voran schritt er der vielgliedrigen wandelnden Schlange mit der Miene eines Triumphators. Als gewissenhafter Vorsteher hatte er die Musik zu den Tänzen selbst ausgewählt und war die Polonaise auf die Arie: „Kennst Du der Liebe Qualen?" auch nicht ganz neu, so entsprach ihr Text doch wie kein zweiter den Gefühlen des sinnigen Ordners, der sich nicht versagen konnte, durch kunstvolle Verschlingungen und Verschiebungen die Paare bunt zu mischen. Just als bei der Strophe: „Und doch, o Mädchen, lieb ich dich" — er hatte dieses Lieblingslied wiederholt in Konzerten vorgetragen, — das Tempo[55] sich schwungvoller zu bewegen anhob, reichte er Blanka zu einer zierlichen Tour die Hand. Seine Augen strahlten den Text zu der Melodie, er wagte einen schüchternen Händedruck und schlüpfte dunkel errötend der nächsten Dame zu. Wer vermöchte die Wonne des guten Menschen zu schildern? Und als die Geliebte dann beim Antritt zum ersten Walzer mit verlegenem Lächeln, das ihm als holde Schämigkeit erschien, für seinen köstlichen Blumengruß dankte, als er sie bebend in seinen Armen hielt, ihr Atemhauch sich in dem seinigen mischte, da, da — o, du überseliger[56] Held Hollunder!

Später am Abend führte auch Herr von Hohenwart, der bisher nicht getanzt hatte, Blanka auf ihren Platz zurück. Ihr Busen wogte, die Wangen glühten, die Augen waren weit geöffnet und die Lippen halb, wie die eines lächelnden Kindes. So engelleicht war sie noch nie im Arme eines Tänzers durch den Saal geflogen, mit solcher Inbrunst hatte noch niemals einer sie dicht an sich heran gepreßt. Sie hatte die Lider nicht vom Boden erhoben, aber sie wußte, daß alle Blicke auf dem unvergleichlichen[43] Paare geruht hatten. Sie fühlte sich gefeiert und beneidet wie noch nie. Herr von Hohenwart fragte sie, ob sie den eben beginnenden Cotillon[46] noch für ihn frei habe. Sie mußte ablehnen.

„Die Tanzluſt³² kommt Ihnen ſpät, Herr von Hohenwart," ſagte ſie ſcherzend.

„Sie gönnten mir den Vorzug eines Tanzes nicht früher, Gnädigſte," entgegnete er, indem ſein dunkles Auge das ihre ſuchte. „Meinen Sie, daß ich noch wie ein Fähnrich tanze, um zu tanzen?"

Sie fühlte eine Blutwoge³² über ihre Wangen gleiten. Hatte ſie ſelbſt heute zum erſtenmale doch getanzt nicht blos um zu tanzen. Mit gezwungenem Lächeln fragte ſie:

„Aber was gewährt Ihnen ein Ball, wenn nicht den Tanz?"

„Was?" erwiderte er. „Nun, was das Leben überhaupt: einen Moment der Schönheit und außerdem — Langeweile."

„Langeweile?" rief Herr Hollunder, der herbeigetreten war, um Blankas Nachbarin zum Cotillon zu führen, da auch ihm die Gefeierte vom letzten Balle her verſagt geweſen war. Wie gern würde er die Krone der Tänze, hinter ihrem Stuhle har=
rend, überſchlagen haben, hätte ſeine Dirigentenpflicht³² nicht mächtig in ihm pulſiert und das gute Herz ihn gedrängt, ein ältliches Mauerblümchen³² eine frohe Stunde hindurch wieder blühen zu machen.

„Langeweile?" wiederholte er. „Ach, da beklage ich Sie, mein Herr Lieutenant. Ich habe noch niemals Langeweile empfunden."

„Pillendrehen⁵⁷ iſt auch eine unterhaltende Beſchäftigung," verſetzte Herr von Hohenwart, zu Blanka gewendet, unbeküm= mert, daß Hollunder die Bemerkung hören konnte.

„Jedenfalls nützlicher als Schnurrbartdrehen,"[58] gab dieser zurück, vom Zorne schlagfertig inspiriert. Denn, wenngleich unser Freund im Allgemeinen von den Dämonen des Kleinlebens die Empfindlichkeit und üble Laune so wenig kannte als die Langeweile, durch den Hohn aus diesem Munde, und in dieser Gegenwart, fühlte er sich empört.

Er führte seine Dame in die Reihe und Herr von Hohenwart lachte so unbefangen, als ob von einer Beleidigung aus diesem Munde nicht die Rede sein könne.

„Ich gratuliere Ihnen zu diesem Prachtexemplar[59] von einem Verehrer, Gnädigste," sagte er. „Ein närrischer Kauz, wie alle Apotheker."

Blanka zitterte, ihre Pulse flogen, Glut und Blässe wechselten auf ihren Wangen; sie wußte nicht, ob vor Scham, vor Zorn, vor welchen überwältigenden Empfindungen.

„Wie schön Sie sind?" rief Herr von Hohenwart entzückt.

Sie erhob sich hastig und folgte ihrem herbei eilenden Tänzer in die Reihe.

Der vortanzende[60] Herr Hollunder überbot sich in sinnvoll erfundenen Touren. Fräulein von Horneck ward mit seinen Blumen und Gaben überschüttet, seine excentrische Huldigung zum Geflüster der Gesellschaft. Wiederum fühlte sie alle Blicke auf sich gerichtet, aber wie krampfte jetzt das Herz sich ihr zusammen unter diesen Blicken.

Nach dem Neuerfundenen kam nun aber auch das Altbewährte an die Reihe. Zunächst die Lieblingstour, in welcher der Tänzer

seine Dame auf einen Stuhl inmitten des Kreises Platz nehmen
läßt und ihr nebst einer Rose ein Körbchen⁶¹ überreicht, um mit
diesen Symbolen von zwei Cavalieren den einen zu beglücken,
den andern abzuweisen. Assur von Hohenwart und Phosphorus
Hollunder waren die Blanka präsentierten Herren. Sie fühlte
einen Stich im Herzen, als sie dieselben auf sich zuschreiten sah.
Durfte sie den überdreisten Ritter noch ermutigen? den erwar=
tungsvoll bebenden Freier durch ein nicht mißzuverstehendes
Zeichen entfernen, oder — oder —? Ihre Augen trafen wie
von selbst die ernst auf sie gerichteten der Mutter. Hastig sprang
sie auf und reichte unserm Helden die Blüte, dem Andern den
Korb.⁶¹ Er setzte ihn gelassen auf den Stuhl und tanzte die
Tour mit der stattlichen Gemahlin seines Rittmeisters, während
Blanka im Arm des Erkorenen voranwalzte. Sie fühlte seinen
dankbaren Händedruck, seinen strahlenden Blick; sie wußte, daß
er sein Schicksal entschieden glaubte. Ihr schwindelte. Ein
dunkler Flor breitete sich über ihre Augen; ohnmächtig sank sie
in die Arme der Mutter, die sich mit ihr entfernte, sobald sie sich
von dem Anfall erholt hatte.

Unter der Thür warf Blanka noch einen Blick in den Saal
zurück.

Das Pantoffelregiment³² hob eben an mit der letzten Cotillon=
tour, dem Kehraus.⁶² Der arme Hollunder lehnte geisterbleich⁶³
in einer Ecke; die Schönen waren barmherzig genug, seine Qual
zu respektieren: keine holte ihn. Herr von Hohenwart verließ
lachend den Saal, um im Nebenzimmer an der Champagner=

bowle älterer Kameraden teilzunehmen. Er soll in dieser Nacht
von sprudelnder Laune gewesen sein; eine kleine Bank proponiert,
mehr Geld, als er besaß, verloren und beim Nachhausegehen
mit einem jugendlichen Schwarm einen Straßenunfug³² getrie=
ben haben, in Folge dessen es mit der Polizei zu Händeln kam.
Er wurde darauf eine Woche lang nicht auf seinem wilden
Rappen durch die Straßen jagend bemerkt. Man munkelte von
Strafarrest, von gravierenden finanziellen Verlegenheiten. Der
militärischen Laufbahn des übermütigen Cavaliers wurde ein
übles Prognostikon" gestellt.

*   *   *

Das Aufsehen dieser außerordentlichen Ballereignisse und die
sich daran knüpfenden Mutmaßungen ihrer Folgen waren in
unserer Stadt noch nicht ausgeklungen, als eines Mittags Frau
und Fräulein von Horneck im grünumrankten⁶⁵ Fenster ihres
Wohnzimmers sich gegenüber saßen. Die Mutter ließ ihre
Handarbeit fallen, mit sorglichem Ernst ruhte ihr Blick auf der
Tochter, die unter dem Vorwande von Kopfweh das Gesicht, in
die Hände vergraben, auf das Fensterbrett neigte. Jählings
schreckte sie empor, das Ohr richtete sich nach der Thür; sie hörte
Tritte, erbebte und war im Begriff, nach der entgegengesetzten
Seite zu entfliehen, als ein mahnender Blick der Mutter sie
willenlos auf ihren Platz zurückzog.

Ein leises Klopfen und Herr Hollunder schwebte in das Zim=

mer. Ja wahrlich, er schwebte, mit Bräutigamsschwingen und eine Bräutigamsglorie auf der umlockten Stirn. Herzhaft küßte er erst der Mutter, dann schüchtern der Tochter die Hand und hob darauf an: „Wie froh macht es mich, Freunde und Bekannte nunmehr an meinem Glücke teilnehmend zu wissen und den hohen Gewinn meines Lebens nicht mehr in meinem Herzen verschließen zu brauchen. Der Stich der Verlobungsanzeigen, deren Anschaffung Sie, verehrte Mutter, mir gütigst überließen, hat etwas aufgehalten. Spät gestern Abend sind sie indessen von Leipzig eingetroffen; ich habe die für den hiesigen Ort bestimmten heute Morgen in Ihrem Namen verteilen lassen und erlaube mir, die in die Ferne zu versendenden Ihnen zu überreichen."

Er legte bei diesen Worten mit einer Miene, welche die Befriedigung einer gelungenen Ueberraschung ausdrückte, in Frau von Hornecks Hand ein Couvert, das diese freundlich dankend öffnete. Etliche der Blätter fielen auf den Tisch, Blanka warf einen Blick darauf, wurde leichenblaß [32] und verließ, ohne ein Wort zu äußern, mit raschen Schritten das Zimmer. Was mochte so Entsetzenerregendes ihr aufgestoßen sein?

Es waren rosa glacirte Karten von ansehnlichem Umfang; in der Mitte machte die Baronin Wilhelmine von Horneck, geborene Freiin von Schweinchen, die Anzeige der Verlobung ihrer einzigen Tochter Blanka mit dem Herrn Ernst Phosphorus Hollunder; korrekt der Üblichkeit gemäß. Ungemäß war nur die Zuthat einer Randzeichnung in Golddruck, von dem kunstsinnigen Bräutigam eigenhändig entworfen. Als Mittel= und Eckstücke prangten größere Embleme: eine aufgehende Sonne, ein Altar mit lodernder Opferflamme, eine Ritterburg von einem Hollunderbaum beschattet, die verschlungenen Wappen der Horneck und Schweinchen mit ihren Geweih und Borsten tragenden Schildhaltern; zwischen ihnen hindurch aber wand sich eine Arabeske, in welcher die herkömmlichsten Sinnbilder zärtlichsten Glücks, als da sind Rosen und Vergißmeinnicht, Füllhörner, Herzen und verschränkte Hände, geflügelte Amoretten und sich schnäbelnde Täubchen durch blühende Hollunderranken verbunden waren.

Frau von Horneck schaute eine Weile schweigend vor sich nieder und der arme Hollunder begann zu ahnen, daß er den Geschmack der edlen Dame nicht sonderlich getroffen habe. Endlich nahm sie das Wort: „Eine zierliche Arbeit, wohlgeeignet für ein Albumblatt; indessen, verzeihen Sie, lieber Sohn, für den gegenwärtigen Zweck würde mir eine einfache Anzeige geeigneter erschienen sein. Eine Annonce schließt Demonstrationen der Freude aus, und Zieraten am unrechten Ort sollten billiger Weise vermieden werden. Ueberhaupt, mein guter Hollunder, gestatten Sie bei dieser Gelegenheit der, welcher sie so bereitwillig Mutterrechte eingeräumt haben, den Rat und die Bitte, in allen Stücken so schlicht als möglich in Ihrem Auftreten zu sein, wenn Sie den in bescheidenen Verhältnissen herangebildeten Sinn meiner Tochter nicht durch allzu grellen Abstand beängstigen wollen."

„Ich glaube, Sie zu verstehen, meine verehrte Mutter," erwiderte der gute Hollunder, helle Thränen in den Augen. „Sie sind sehr nachsichtig, sehr schonend! Ach, ermüden Sie nur nicht, durch ihren Rat die Lücken in meiner Bildung auszufüllen, um mich meiner lieben Blanka würdig und fähig zu machen, sie zu beglücken."

Nach einer Weile entfernte er sich, betrübt über das Nichtwiedererscheinen seiner Braut, betrübter über den Grund desselben. Frau von Horneck blickte ihm mit inniger Rührung nach; seufzte tief auf und ging dann in die Nebenstube, wo Blanka unter krampfhaftem Schluchzen auf ihrem Bette lag. Sie suchte die Aufgeregte zu beschwichtigen; diese aber rief händeringend: „Diese Lächerlichkeit richtet mich zu Grunde! Mit Fingern wird man auf mich weisen. Wie soll ich wagen, den Leuten wieder unter die Augen zu treten?"

„Unbefangen lächelnd, mein Kind," antwortete die Mutter; „mit dem Bewußtsein richtiger Schätzung einer kleinen Geschmacksverirrung."

„„Klein, Mutter, klein? Und lächeln, wo man vor Scham in die Erde sinken möchte?""

„Du übertreibst, Blanka. Welche Frau hätte nicht irgend einmal gute Miene zum bösen Spiel, wie oft selbst zu Unbill und Frevel ihres Gatten machen müssen? Welche Frau wäre durch die Ehe geschritten ohne lächelnde Larve, wenn auch das Herz ihr blutete? Und welcher Frau läge es nicht ob, mit leiser Hand den Verirrten auf die rechte Bahn zu leiten, nicht bloß bei Lappalien, wie diesen!"

Da aber das junge Mädchen sich durch kein Zureden

beruhigen ließ, sagte die Mutter nach einer Pause ernsten Bedenkens:

„Ich fürchte, unsere Entschließung war übereilt. Wenn Dein Widerstreben so tief wurzelt, daß schon beim ersten, geringfügigsten Anlaß Mut und Selbstüberwindung Dir gebrechen, so wäre es Sünde, das Glück eines guten Menschen auf das Spiel zu setzen. Noch ist es Zeit zu einer Ablehnung. Man soll keine Aufgabe übernehmen, für welche man die erforderliche Kraft bezweifelt, zumal wenn man nicht sich allein für den Erfolg verantwortlich ist. Ich habe Dich für stärker gehalten als Du bist. Fasse Dich jetzt und laß uns miteinander das Richtige prüfen und entscheiden.

Das schwerste Verhängnis schnitt diese Prüfungen ab, bevor sie zum letztgiltigen Entscheid geführt hatten, ja, bevor selbst die treffliche Mutter sich völlig klar darüber geworden war, daß je zarter und zärtlicher ein junges weibliches Herz, man um so unfähiger ist, mit Altersweisheit und Gründen der Billigkeit gegen sein natürliches Verlangen, Reiz der Sinne und der Phantasie, und weit mehr noch gegen seine Abneigungen, ja selbst gegen das blanke Vorurteil durchzubringen. Die Zweige der Weide neigen und biegen sich bei der leisesten Berührung und fallen doch allezeit in den ihnen gemäßen Hang zurück.

Frau von Horneck erkrankte noch am nämlichen Abend. Ein Nervenschlag" lähmte Besinnung und Sprache und machte ihrem guten Leben jäh ein Ende. War es doch, als habe die bis dahin so rüstige Frau diesen nahen Ausgang vorgefühlt und mütterliche Angst sie gedrängt, ihr schutzloses Kind in treuen Händen zu bergen.

Blankas Zustand glich einer Zerrüttung. Es war ein Schlag aus blauem Himmel; der erste, der tiefste, ja, der einzige, der sie treffen konnte. Bis zum letzten vernichtenden Akt lag sie lautlos über der toten Gestalt; stumm und stumpf starrte⁶⁶ sie wochenlang in das Leere. Sie schien für alle übrigen Verhältnisse die Erinnerung verloren zu haben; ihres Verlobten Treue, stille Trauer, die anspruchslose Würdigung ihres Schmerzes bemerkte sie nicht einmal.

Fräulein von Schweinchen siedelte in die Wohnung der Waise über. Doch hatte Blanka von klein auf zu ausschließlich in und mit ihrer Mutter gelebt, um sich der einzigen Verwandten zuzuwenden, und war die arme alte Dame zu dringlich durch ihre Erwerbspflichten³² in Anspruch genommen, um sich dem trostlosen Kinde so viel als ihm not gethan hätte zu widmen. Der Verkehr mit früheren Bekannten, ja, bloß deren Anblick, war Blanka zuwider. Aller Wert, alle Bedeutung des Lebens dünkte ihr mit dem Mutterleben ausgelöscht.⁶⁷ Man hätte sie in ein Kloster führen, sie lebendig einsargen können, sie würde keinen Widerstand erhoben haben. In der Selbstsucht ihres Schmerzes dachte sie an nichts, an niemand als die Tote, und dennoch, oder vielleicht gerade darum, dachte sie nicht daran, die letzte mütterliche Warnung zu beachten, ihr neugeschlossenes³² Verhältnis zu prüfen, und wenn erforderlich, zu lösen. Zuckte⁶⁸ im Verlauf aber dann und wann ein mah=

nendes Bewußtwerden ihrer Lage und deren Verpflichtungen in Gegenwart und Zukunft, einem grellen Funken gleich, durch ihr Gemüt, so erdrückte die Last ihrer Hilflosigkeit doch rasch jeden rettenden Entschluß. Was besaß sie? was verstand sie? was vermochte sie? an welche Leistung war sie gewöhnt? welcher Anstrengung gewachsen? nicht einmal der der duldenden Ergebung. Schwerlich hat ein Kind jemals mehr der mütterlichen Führung bedurft; aber schmerzlicher hat auch keines deren Entbehren gefühlt und gebüßt. So lebte sie hin von Tag zu Tag, ohne in ihrer Not das Notwendige fest in das Auge zu fassen und sich ihm in einer oder der anderen Weise gerecht zu machen. Wochen, Monate schlichen hin. Die Tante, über diesen Starrsinn in Verzweiflung, gab ihr eines Tages zu Gehör, daß eine baldige eheliche Verbindung in ihrer inneren wie äußeren Lage das gebotenste scheine. Hollunder trat während dieser Vorstellung ein. Er drängte, er schmeichelte nicht, gab nur leise seine Sehnsucht zu verstehen, indem er seine Wünsche den Heischungen eines trauernden Gemütes unterordnete. Die treue Liebe des Kindes war ein Reiz mehr in seinen Augen, eine Bürgschaft für die dereinstige treue Liebe des Weibes und seines höchsten Glücks. In diesem gütigen Herzen war kein Moment der Ungeduld und beleidigter Eigensucht. Ob Blanka diesen Adel verstand? Ob sie denselben nur ahnete? Vielleicht daß eine egoistische Leidenschaft sie aufgerüttelt hätte, sie dem Manne näher gebracht, oder von ihm losgerissen; dem Manne, welchem sie jetzt ohne Widerspruch, ohne Furcht, wie

ohne Hoffnung zusagte, binnen weniger Wochen sich ihm zu
eigen zu geben für das Leben.

Fräulein von Schweinchen, die für den Abend verpflichtet
war, entfernte sich in Begleitung des dankbar freudigen Bräu=
tigams. Blanka blieb allein. Für den Johannistag war ihre
Hochzeit anberaumt; jetzt hatten wir Mai. Eine Monatsfrist,
wie kurz und doch wie lang, um ein Menschenlos[32] zu wenden
und zu enden. Ihre Mutter hatte nur weniger Stunden zum
Aufhören hienieden bedurft.

„Meine Mutter wird sich erbarmen und mich zu sich hinüber
holen vor dem Johannistag," dachte Blanka.

Dennoch schnürte die Brust sich ihr zusammen. Ihr Atem
ging schwer. Sie öffnete das Fenster. Eine milde, balsamische
Maienluft zog herein, Sehnsucht erweckend, bis in das dumpfe
Gemüt der Waise. Es zog sie in das Freie, nach dem Grabe
der Mutter. Wohl dämmerte es schon; aber sie konnte nicht
widerstehen.

Sie saß auf dem grünen Hügel und verjammerte die Zeit.
Statt Mut und Klarheit hatte sie an heiliger Stätte nur neues,
verwirrendes Weh gefunden, Klagen und unstillbare Thränen.
„Hilf mir, Mutter!" stöhnte sie und rang sich die Hände wund.
Sie hatte sich zu einem lieblosen Leben verpflichtet und konnte
nicht leben, ohne zu lieben.

Das abendliche Dunkel drängte zum Aufbruch. O, daß sie
sich hier hätte betten dürfen für ewig; heute, diese Stunde
noch! Keine Stätte dünkte ihr unheimischer als ihr mutterloses

Haus; es sei denn jene, die ihrer harrte, wenn sie dieses Haus verließ. Sie riß sich los.

Als sie aus dem Friedhofspförtchen[22] trat, schauderte sie. Der Weg bis zum Stadtthor war nur kurz, aber einsam; in der umbuschten Schlucht schon nächtiges Dunkel, ringsum lautlose Stille. Und doch war ihr, als spüre sie eine Nähe, wehe ein Odemzug sie an, höre sie ein Regen. Und im nächsten Augenblick schrie sie hell auf. Eine hohe Gestalt stand an ihrer Seite; Assur von Hohenwart umfaßte die Schwankende mit beiden Armen. Sie hatte ihn seit jenem Abend, an dem sie die ersten Worte mit ihm gewechselt, nicht wiedergesehen. Ob aber auch seiner nicht gedacht? Hatte auch s e i n Bild der Todeshauch verweht?

„Ich bin Ihnen gefolgt, Blanka," flüsterte er. „Ich mußte Sie noch einmal sehen, bevor ich Sie vielleicht für immer verliere. Seit Wochen trachte ich nach dieser Minute. Ich verlasse den Dienst, diese Gegend — vielleicht noch mehr. Mir bleiben nur wenige Stunden. Hören Sie mich an. Ich kann nicht s o von Ihnen scheiden."

Ihre Glieder zitterten. Schauer halb der Furcht, halb ungeahnten Entzückens rieselten über ihren Leib. Ihre Stimme war gelähmt. Willenlos ließ sie ihre Hände in denen des Verführers. Er horchte auf.

„Stimmen! Tritte!" sagte er, indem er sie in ein zur Seite liegendes Gebüsch zu ziehen suchte. „Sie widerstreben? Sie mißtrauen mir? Fühlen Sie denn nicht, d a ß i c h S i e l i e b e ?

wie ich Sie liebe, Blanka? Blanka, ich muß Sie sprechen. Gestatten Sie mir heute Abend den Eintritt in Ihr Haus. Es ist eine Abschiedsstunde, Blanka."

Sie stöhnte wie ein Kind und machte einen Versuch, sich ihm zu entwinden.

„Ein Abschied vielleicht auf ewig," drängte er, indem er sie dicht an sich heranzog. „Soll ich Dich auf die erbärmlichste Weise verlieren? Meine Perle durch feile Krämerhände[32] besudeln sehen?"

Dieser schnöde Unglimpf gab der Bethörten die Fassung wieder. Dort ragte das Kreuz über dem Grabe der Mutter. Ihr Schatten umschwebte sie, als sie den Mann verhöhnen hörte, welchen die Verklärte mit letzter Liebessorge zu ihres Kindes Beschützer erwählt hatte. Sie riß ihre Hände aus den umstrickenden. „Fort!" kreischte sie auf, „fort!"

„Blanka!" rief Assur und preßte sie mit heißem Verlangen an seine Brust; „Blanka, liebst Du diesen Mann?"

Verzweifelnd, schwindelnd windet sie mit letzter Anstrengung sich aus seinen Armen, flieht, ohne umzublicken, den Abhang nieder. Vor ihren Ohren schwirrt sein nacheilender Schritt, gellt der Ruf; „Blanka!" lange nachdem rings um sie her alles still geworden, hallt er noch nach, als sie, atemlos ihr Zimmer erreichend, die Thür hinter sich abschließt und halb in Wahnsinn, halb in Erschöpfung zu Boden stürzt. Ein Sturm jach in der Brust entfesselt, hat den Bleidruck[33] der Apathie verscheucht. Furcht und Hoffnung, Widerwillen und Verlangen, eines immer frevelhafter als das andere, selbst vor ihrem umflorten Gewissen, wirbeln durch das fiebernde Blut. Wunsch und Vorwurf jagen und verdrängen sich. Aus dem verlassenen Kinde ist plötzlich ein Weib geworden.

In diesem unbeschreiblichen Zustande fand sie ihre Verwandte. Das alte Fräulein wollte seinen Augen kaum trauen ob des Mädchens verwandelter Erscheinung und Stimmung; ob der glühenden Wangen, der leuchtenden Blicke, der raschen Worte und Schritte. Hatte das Bewußtsein ihres Glücks wirklich nur in der jungfräulichen Brust geschlummert? die Aussicht der nahen Erfüllung die Lebensgeister³² erweckt? Der Vernunft gemäß mußte die brave Lehrmeisterin es bezweifeln; aber sie glaubte es gern und darum glaubte sie es. Der Glaube ist ja allezeit die Planke beim Schiffbruch des Begreifens. Sie wähnte die fieberisch Erregte der Ruhe bedürftig und war es selbst nach ihrem erschöpfenden Tagewerk. Da Tante und Nichte nicht, wie Mutter und Tochter es gethan, in einem Zimmer schliefen, sagten sie sich Gutenacht nach kurzem Beieinander.

Blanka legte sich nicht. Sie schritt im Zimmer auf und ab ohne Rast. Das Fenster stand noch offen: lindkühle³³ Nachtluft³² fächelte ihre glühende Stirn, Düfte von Narcissen und Flieder strömten in die hochatmende Brust. Im Wäldchen drüben schluchzte die Nachtigall in den Naturlauten der Liebe, „himmelhoch jauchzend, zum Tode betrübt." Süßes, unnennbares Sehnen, wonniges Ahnen schmeichelten sich mit diesen Tönen und Düften in der Jungfrau Busen. Sie sah Assurs hohe

Gestalt, spürte seinen brennenden Blick, fühlte bebend den Druck seiner Hand, seinen wogenden Atem, als er sie eine Minute lang an seiner Brust gehalten. Ihr war, als hielte er sie noch; als müsse er sie dort halten für ewig. Sie hörte noch einmal seine von Leidenschaft zitternden Worte. Halb unbewußt beugte sie sich aus dem Fenster, lauschte nach seinem Tritt, spähte nach seiner Gestalt. Der abnehmende Mond war aufgegangen; die Straße hell und todtenstill. Viertelstunde auf Viertelstunde verrann.

Vom Harren matt, wirft sie sich endlich auf ihr Bett. Unter einem Schlummerschleier winkt und lacht die ersehnte Gestalt; im Traume schweigt der Zweifel. Jählings fährt sie in die Höhe! Der Ruf ihres Namens hat sie erweckt. Gedämpft aber deutlich: „Blanka!" Und welche Stimme! Sie stürzt nach dem Fenster, das sie nicht geschlossen. Ein Blumenstrauß[32] fällt zu ihren Füßen nieder. Sie beugt sich hinaus, sieht noch den Schatten einer hohen Gestalt, hört einen raschen Schritt, in der Bahnhofstraße verhallend. Er! Er entfernte sich. Wohin? Warum? Seine Worte fielen ihr ein: „Ich verlasse das Land — vielleicht noch mehr;" seine Bitte um ein letztes Lebewohl, das sie verweigert. Hatte sie redlich, hatte sie grausam gehandelt? Schon vermochte Sie Recht und Unrecht nicht mehr zu unterscheiden. Ist Liebe nicht das oberste Gesetz? fragte sie sich. Und Blanka hatte niemals einen Roman gelesen und nur Worte der Tugend aus dem Munde einer Mutter vernommen.

Sie dachte nicht daran, sich niederzulegen, nicht an ihr Abend=

gebet, nicht an ihre selige Mutter. Ihr däuchte, daß sie niemals wieder ruhen werde. Sie stand am Fenster, durch das ein frischer Dämmerungswind³² blies. Im losen Nachtkleide und doch fieberheiß preßte sie den blühenden Abschiedsgruß³² an ihre Brust, an ihre brennenden Lider, sog seine Düfte ein, als wären es die Atemzüge,³² die sie vor wenig Stunden berauscht hatten. Ihr ganzes Wesen war in Aufruhr.

Der Morgen graute. Was ist das? Zwischen den Rosen ein weißer Schimmer. Ein zerdrücktes Blatt. Wie ihre Finger zitterten, indem sie es glätteten! Wie ihre Augen funkelten beim Anblick der hastigen und so kühnen Züge.

„Du denkst mir zu entfliehen? Thörichtes Kind! Weißt Du denn nicht, daß Du mich liebst, wie ich Dich? Weißt Du denn nicht, was lieben heißt? Mein bist Du, mein! Lebe ich oder sterbe ich, mein! Keine Pflicht, kein Schwur, keine Erden= oder Himmelsmacht kann Dich mir entwinden."

* * *

Am Mittagstisch brachte Fräulein von Schweinchen, merklich beflissen, die Gerüchte zum Vortrag, die sie auf ihren Morgen= gängen eingeheimst hatte. Lieutenant von Hohenwart hatte plötz= lich seinen Abschied gefordert, bis zu dessen Eintreffen Urlaub erhalten und in der Nacht die Stadt verlassen. Man sprach all= gemein von einem bevorstehenden Duell mit einem Kameraden, infolge von Beleidigungen am Spieltisch; das so und so vielste des übermütigen Patrons. Bei Heller und Pfennig nannte man seine Schuldenlast,³¹ rekapitulierte die rücksichtslosen Liebesabenteuer,³² die Überschreitungen jeglicher Art, welche den Tollkopf³³ schon von Regiment zu Regiment getrieben und schließlich, seiner militärischen Tüchtigkeit zum Trotz, seine Stellung unhaltbar gemacht hatten. Die sich einsichtiger Dünkenden, und das alte Fräulein gehörte zu ihnen, erörterten, wie es in Zeiten langen Friedens, gleich der, in welche diese Ereignisse fielen, die Tagesordnung ist, die gefahrvollen Anomalien eines Berufes, der auf der einen Seite sklavisch bindend, auf der anderen zügellos, Eitelkeit, Vorurteile, einen barbarischen Ehrbegriff³⁵ hegend und pflegend, Generationen hindurch ein thatlos zuwartendes Scheinleben³⁶ führt. Man zählte die Opfer auf, welche diese widerspruchsvolle Einrichtung schon gefordert hatte und noch forderte.

Derlei Zuträgereien, auch von anderer Seite, — nur nicht von der ihres Verlobten, — umschwirrten Blankas Ohr. Sie wandelte wie in einem wüsten Traum. Dazwischen das Bewußtsein ihres heimlichen Begegnens, des versagten Lebewohls, die Todesqual um sein bedrohtes Leben. In jeder unbeobachteten Minute überlas sie sein glühendes Abschiedswort und barg es dann wieder auf ihrem Herzen, gleich einem Talisman, der i h n zu feien⁶⁹ und s i e zu befreien vermöge. Manchmal erschrak sie vor sich selbst, wenn sie die eigenen Lippen flüstern hörte: „Im Leben und Sterben M e i n!"

Endlich, nach einer Woche stummer Höllenpein,³² verbreitete

sich die Kunde über den Ausgang des Duells. Beide Gegner waren verwundet, keiner lebensgefährlich,⁶² wie es hieß. Herr von Hohenwart, der unfehlbare⁶³ Schütze, sollte seinen Beleidiger großmütig geschont haben, indem er ihm das Pistol aus der Hand feuerte und die letztere nur leicht dabei streifte. Sein eigener Arm war zerschmettert.

In einer Ortschaft jenseit der Grenze wartete er, nebst seiner Heilung, den Spruch des Kriegsgerichts ab. Derselbe wurde als der mildeste vorausgesetzt und auf vollständige allerhöchste⁷⁰ Begnadigung gewärtigt, da der Ehrenrat⁶² zu dem Zweikampf seine Zustimmung gegeben, Herr von Hohenwart der Beleidigte und der Ausgang kein tötlicher war. In plötzlichem Umschlag verwandelte der geschmähte leichtfertige Damenheld sich zum chevalier sans peur et sans reproche,⁷¹ — eine Woche lang oder zwei, um dann allgemein vergessen zu werden.

Blankas Gemütszustand³² in den Wochen, die zwischen diesem Ereignis und dem festgesetzten Hochzeitstage³³ lagen, glich dem Wanken und Schwanken⁷² eines lecken Schiffs. Wohl sah sie jetzt ihre äußere wie innere Lage in deutlichem, ja häufig in grellstem Licht. Sie wußte, was eines Mannes Weib sein bedeute. Neigung, Ehre und Gewissen drängten sie zu einem aufrichtigen Wort, zu einer befreienden That. Aber wie das eine aussprechen, die andere durchführen? Arm, hilflos, freundlos, wie sie war, ohne ein Erinnerungszeichen von dem einzigen Menschen, für den und mit dem sie standhaft das Äußerste zu thun und zu leiden sich fähig gefühlt haben würde. Wer hätte ihr helfen können, als er? Zu wem hätte sie flüchten können, als zu ihm? Zu ihm? Liebte er sie denn noch? Hatte er nicht auch mit ihr bloß sein Spiel getrieben? Nein, nein, nein! Aber hatte sie ihn nicht von sich gewiesen, ihn herzlos gekränkt? Wohin hatten Irrung und Schicksal ihn gescheucht? Nirgends ein Halt. Die Mutter im Grabe, der Geliebte verschollen. Die Zeit rollte vorwärts. Die Unglückliche fand keinen Abschluß.

Und der liebreiche[62] Hollunder? O gewiß, er spürte ihren Kampf, spürte ihn an dem jähen Wechsel ihrer Stimmungen, dem unwilligen[63] Ablehnen jetzt, der reumütigen[72] Dankbarkeit dann. Oftmals stieg wohl die Ahnung in ihm auf,[73] daß sie ihm nicht im gleichen Sinne angehöre, wie er ihr. Aber er war ein Neuling in den Erfahrungen des Herzens, ein gläubiger Neuling; immer wieder siegten Liebe, Vertrauen und vor allem ein mitleidsvolles[32] Weh über seine Zweifel. Immer wieder fand er den Grund ihrer Schwankungen in der stolzen Scheu eines jungfräulichen Gemüts,[11] die er von seinen Dichtern auf Treu und Glauben annahm, in dem Bangen des Verwaist= fühlens[74] und unüberwundenem,[43] kindlichem Schmerz, den er im eigensten[75] Herzensgrunde[82] verstand, und so endete er regelmäßig damit, die Anzeichen der Schwachheit als neue Reize der Geliebten zu verehren und sie sich selbst zu einem Sporn der Umbildung,[76] ihren Neigungen gemäß, werden zu lassen.

„Seine Nachgiebigkeit verdirbt alles," seufzte Fräulein von

Schweinchen. „Keine Frau schätzt einen Mann, der selbst mit ihren Unarten⁴³ einverstanden ist."

So nahte der Johannistag. Der aufgeklärte Hollunder verachtete jeglichen Aberglauben; aber er suchte und liebte Bedeutungen.⁷⁷ Wie hätte er das segenspendende³² Täuferfest³² nicht zu dem der beseeligendsten Weihe erwählen sollen? Der Trauer halber durfte die Feier nur in äußerster Stille begangen werden und hatte man, auf Blankas Verlangen, dieselbe bis zur Abendstunde³² verschoben. Ein halber Tag Aufschub dünkte ihr Gewinn. Hollunders Vorschlag einer Hochzeitsreise³² war von ihr mit Heftigkeit abgelehnt worden. Sie könne sich nicht aus der Nähe des mütterlichen Grabes entfernen, redete sie Anderen und vielleicht sich selbst ein.⁷⁸ In Wahrheit grauste ihr vor dem Alleinsein³² mit dem fremden Manne in einer fremden Umgebung.⁷⁹ Dahingegen schien ihr zuzusagen, die Sommermonate³² nicht in dem großen, geräuschvollen³² Stadthause,³² sondern ländlich still in Hollunders kleiner Gartenvilla³² vor dem Thore zu verbringen. Er hatte sie einladend traulich herrichten und schmücken lassen. Die Zimmer blickten auf eine Blumenterrasse,³² von welcher parkartige³² Anlagen sich zum Flusse absenkten. Da auf dessen jenseitigem Ufer neuerdings der Bahnhof errichtet war, mangelte es inmitten des Stilllebens³² nicht an einem zerstreuenden Wechsel.

In dieses rosenblühende³² Heim gedachte Phosphorus Hollunder unmittelbar⁴³ nach vollbrachter Ceremonie seine Gattin zu führen und hier fern von allem wirthschaftlichem oder geschäft=

lichem Treiben die seligste Lebenszeit zu genießen. Die Beköstigung sollte aus dem Stadthause bezogen werden; nur ein junges Mädchen zu Blankas persönlichem Dienst gegenwärtig sein.

* * *

Als mit dem siebenten Glockenschlag[32] des Johannis-Abends Phosphorus Hollunder das Horneck'sche Wohnzimmer[83] betrat, seine Verlobte zur Trauung abzuholen, war er peinlich betroffen, dieselbe statt in dem bräutlich weißen Gewande, das er unter Fräulein von Schweinchens Anleitung für sie erwählt hatte, im Trauerkleide von schwarzer Seide zu finden. Die Tante äußerte sich entrüstet wie noch nie über diesen Schein eigensinniger Bevorzugung des Todes vor dem neuen Leben. Sei man auch aufgeklärt genug, um das in bürgerlichen Kreisen gang und gebe Vorurteil gegen die Farbe der Trauer bei festlichen Gelegenheiten[42] unhaltbar zu finden, da Männer ja immer und Frauen der niederen Stände meistenteils in schwarzem Anzug vor Altar und Taufstein träten, so müßte in vorliegenden Falle diese Wahl für eine unentschuldbare[43] Taktlosigkeit und Undankbarkeit erklärt werden.

„Mit wie viel Mühe und Not," so schalt sie, „habe ich es auch nur dahin gebracht, durch Kranz und Schleier, wie durch das Entblößen von Hals und Armen, der Erscheinung ein einigermaßen festliches Ansehen zu geben!"[30]

„Lassen Sie unsere liebe Blanka, ihrem Sinne gemäß,

gewähren, beste Tante," fiel Hollunder ihr in das Wort. „**Ihr**
Gefühl, nicht das unsere, ist es, das geschont werden muß."

Blanka empfand in dieser Minute die zarte Liebe dieses
Mannes wie einen stechenden Schmerz. Der Vorwurf brannte
sie, wie wenig sie solcher Hingebung würdig sei, wie sehr er ein
wärmeres, bereitwilligeres³² Gemüt verdiene. Sie hätte noch
im äußersten Moment i h n vor einem schweren Irrtum, sich
selbst vor schwerem Betruge wahren, hätte sagen mögen: „Ich
liebe dich nicht." Aber auch in diesem letzten Moment war ihr
Pflichtbewußtsein³² verworren, ihr Wille schwach. „Ich kann
nicht anders. Komme was mag!" dachte sie und ließ sich stumm
wie ein Opferlamm³² zum Wagen führen, den sie mit ihrer Ver=
wandten teilte.

Der Bräutigam fuhr voran und empfing sie am Eingang der
Kirche.

Der Platz vor derselben, das Schiff bis zum abgesperrten
Altarraum³² waren Kopf bei Kopf gefüllt. Denn so unschein=
bar⁴³ die Ceremonie angeordnet war, wer hätte sich das
Zusammengeben³² des reichsten Bürgers der Stadt mit deren
schönstem Kinde entgehen lassen mögen? Das abendliche
Halbdunkel,³² der düstere Anzug der Braut, ihre Leichenblässe³²
und steinerne Gleichgültigkeit machten schon beim Vorschritt
das bänglichste Aufsehen. Blanka erhob den Blick nicht vom
Boden. Sicherlich unterschied sie keines der sie umdrängen=
den,⁸¹ altbekannten³² Gesichter, bemerkte sie wohl⁷³ nicht
einmal. Warum überrieselte³² sie denn plötzlich ein Schauder,

als sie an dem im tiefsten Schatten liegenden Kanzelpfeiler[32] vorüberschritt? Wer war die hohe, dunkle Gestalt, die, an den Pfeiler gelehnt, ihre Schulter streifte? Hatte ein Laut, ein Hauch ihr Ohr berührt? Oder welchen Spuk trieb ihre Phantasie? Ihre Füße schwankten; halb bewußtlos sank sie auf ihren Sessel im Angesicht des Altars und erholte sich nur notdürftig, während vom Chor das Hochzeitlied[32] erschallte:

„Du bist der Stifter unserer Freuden, Herr, der du Mann und Weib erschuffst."

Phosphorus Hollunders bindendes Gelübde drang hell und freudig aus seinem Herzen in die der Hörer. Blankas Ja hat selbst ihr Verlobter nicht vernommen. Als der Priester den Trauring[32] an ihren Finger stecken wollte, zitterte ihre Hand so konvulsivisch, sank dann so schlaff an ihrem Körper herab,[32] daß der Reif zu Boden rollte. Hollunder bückte sich nun, ihn aufzusuchen. Vergeblich. Rasch gefaßt, streifte er einen kostbaren Diamantring von seiner Rechten, ihn gegen den verlorenen auszutauschen. Aber es war nicht das vorbestimmte Symbol der Treue. Durch die Menge lief ein ahndungsvolles[32] Gemurmel. Nur der glückselige Bräutigam und die totenstarre[32] Braut blieben von dem unheilvollen[43] Omen unberührt.[43]

Mit stolzer Siegermiene führte Phosphorus Hollunder sein angetrautes Weib, sein Eigentum vor Gott und der Welt durch das nunmehr völlig im Dunkel liegende Kirchenschiff. Er führte? — nein, er zog, er trug sie nahezu, denn ihre Füße schienen im Boden zu wurzeln. Als sie in die Nähe der Kanzel kamen, staute die zum Ausgang drängende Menge sich derartig, daß das Paar einen Moment inne halten mußte. Wiederum, krampfhafter noch als vorhin, bebte und schauderte die junge Frau. Kalter Schweiß perlte auf ihrer Stirn; die Zähne schlugen im Fieberfrost³² aneinander. Wie in Todes= ängsten³³ hob sie einen Moment die Lider in die Höhe; in dem nächsten zuckte sie, wie vom Blitz getroffen, zusammen,⁸⁴ ballte, als ob sie einen Gegenstand berge, die herabhängende rechte Hand gegen die Brust und sank besinnungslos in ihres Gatten Arme. Er trug sie in den Wagen; die Tante folgte im zweiten.

Im enggeschlossenen³² Raume allein mit dem Gegenstande seiner höchsten Wonne, das schöne leblose Weib in seinen Armen, vergaß der geängstigte Glückliche alle bisherige Zurück= haltung. Er umklammerte⁸⁵ sie, preßte seine Lippen auf die ihren, erweckte mit den süßesten Schmeichelnamen³² sie zu einem schaudernden Bewußtwerden³² des Daseins.

Angekommen vor ihrem neuen Heim, das blumengeschmückt³² im Kerzenlicht strahlte, floh sie, wie ein gejagtes Reh, die Rampe hinan nach ihrem Zimmer. Als nach ein paar Minuten die Tante dasselbe betrat, stand sie vor der Lampe, einen glimmen= den Papierfetzen³² in der Hand.

„Was thust Du, Kind?" fragte das Fräulein.

Blanka gab keine Antwort. Sie fiel wie vernichtet auf das Sofa, das Gesicht in die Hände vergraben und hörte wohl⁷³ kaum, wie die treue Freundin, zuredend, ermunternd, anpreisend sie auf die Anmut der Umgebung [78] aufmerksam machte.

„In Wahrheit, eine Hütte der Liebe!" rief das alte Fräulein mit einem Seufzer halb der Wemut, halb des Entzückens.

Die Glasthüren nach der Terrasse standen geöffnet; Rosen- und Orangendüfte drangen sanft berauschend in das Zimmer. Es war ein schwüler Mitsommerabend; [32] zur Nacht drohte ein Gewitter. Schattenartig [32] zog Wolke um Wolke über die noch schmale Sichel des Mondes, über die einzeln am Horizonte bläßlich aufsteigenden Sterne; in der Ferne plätscherte, rasch bewegt, der Fluß.

„O, du gesegnete, heilige Täufernacht!"[32] flüsterte das alte Fräulein mit gefalteten Händen.

Die junge Frau hatte keinen Blick, keinen Laut des Verständ- nisses, kein Segen erflehendes Gebet. Regungslos ließ sie sich Kranz und Schleier abnehmen, das übliche Frauenhäubchen [32] aufsetzen. Als die Tante sie dann aber fragte, ob sie ihr die Jungfer zum Umkleiden [86] schicken solle, wehrte sie es ab mit einer Geberde des Entsetzens.

Das alte Fräulein ahnete die Schauer eines jungfräulichen Gemüts, die zu erfahren das Schicksal ihr nicht gegönnt hatte, ahnete das Bedürfnis des Sammelns vor Gott im wichtigsten Momente von eines Weibes Leben. „Ach, mein Kind," sagte sie, feuchten Auges, „versenke Dich nur recht innig in das Be- wußtsein, mit Deinem eigensten [75] Wesen einen guten Menschen durch und durch zu beglücken. Jedes andere Los ist kümmer-

Phosphorus Hollunder.

licher Notbehelf³² für eine Frau. Glaube es Deiner alten Verwandten und Gott wird Dich segnen."

Ach warum vermied sie aus Schonung hinzuzusetzen: „Und deine Mutter im Himmel?" Vielleicht, daß diese Mahnung Herz und Schicksal einer Unglücklichen zum Glück gewendet hätte — vielleicht! Sie küßte recht inbrünstig des jungen Weibes Stirn und ging dann hinüber in Hollunders Zimmer.

„Gönnen Sie ihr eine kleine Pause der Sammlung, werter Freund," stammelte sie, kraft ihrer heutigen Mutterrolle,³² aber errötend und mit niedergeschlagenen Augen.

Phosphorus Hollunder errötete gleichfalls und schlug gleichfalls die Augen nieder. Er küßte der verehrten Tante die Hand und reichte ihr den Arm, sie zum Wagen zu führen.

Durch ein Mißverständnis hatte der Wagen sich zugleich mit der Hochzeitskutsche³² entfernt; ein männlicher Dienstbote war nicht anwesend, die Jungfer voraussichtlich mit ihrer Herrin beschäftigt und Phosphorus Hollunder zu sehr Gentleman, als daß er einer Dame gestattet hätte, von seiner Schwelle aus einen nächtlichen Heimgang sonder Geleit anzutreten. Das alte Fräulein aber, wennschon die verkörperte Bescheidenheit und, an einsame Abendwege³² mit Laternchen und Hausschlüssel gewöhnt, sich durchaus keines Schutzes bedürftig fühlend, nahm nach einigem Sträuben diesen selten erlebten Ritterdienst³² an, im Hinblick auf die Viertelstunde Freiheit, welche der aufgeregten jungen Frau durch denselben gewährt werde.

So führte denn Herr Hollunder Fräulein von Schweinchen

bebächtig nach ihrer ziemlich abgelegenen Wohnung, um alsbald geflügelten Schrittes in die seine zurückzukehren. Die Pause der Sammlung hatte überlange für seine Ungebuld gewährt. Er klopft an der Geliebten Thür, anfänglich schüchtern, dann hinlänglich vernehmbar. Kein Herein. Er wagt zu klinken. Die Thür ist von innen verriegelt. Bescheiden geht er in sein Zimmer zurück, etliche Male auf und nieder, dann von neuem hinüber, seine Einlaßversuche[32] wiederholend. Vergeblich. Er ruft leise ihren Namen. Keine Antwort. Lauter und immer lauter. Alles still.

„Sie wird auf der Terrasse sein, der Abend ist so zauberisch," denkt er, und eilt durch den Hof in den Garten. Die Glasthür nach Blankas Zimmer steht offen; da er die Ersehnte im Freien nicht erspäht, tritt er ein. Die Lampe brennt. Blanka ist nicht da. Er klopft an die Thür des Schlafzimmers, öffnet leise — auch hier ist sie nicht.

Ein banges Ahnen beschleicht ihn. Doch sein Glaube ist noch tapfer; er wehrt es ab. „Sie wird hinab in die Anlagen gegangen sein," beruhigt er sich und folgt ihr, nach allen Seitenpfaden[32] spähend und lauschend, die Mittelallee entlang bis zum Ufer. Da liegt die Gondel, in welcher er geträumt hatte, sich an wonnigen Sommerabenden mit der Geliebten zu schaukeln. Dort wiegen sich ein paar Schwäne, die er aus dem Ei hatte heranwachsen sehen und an deren Familientreue[33] er sich oftmals, wie an einem Vorbilde, erbaut. Von seiner Gattin nirgend eine Spur.

Aber hört er nicht ein Flüstern, spürt ein Bewegen, ein Sich=
regen? fühlt er nicht Menschennähe?³² Täuschung! Es ist
das Röhricht, das im Windeshauche³³ rauscht — ein Nachtvogel
— ein springender Fisch. Er ruft Blankas Namen nach allen
Richtungen. Kein Gegenlaut!³²

Mit stockendem Atem fliegt er in ihr Zimmer zurück. Ob sie
in die Mansarde gestiegen ist, die Dienerin zu rufen?⁸⁷ Un=
möglich! Die Thür ist ja von innen verriegelt. Tötliche Angst
durchzittert ihn. Seine Augen irren rings im Zimmer umher;⁸¹
nichts ist verändert. Auf dem Tische liegen Kranz und Schleier,
so wie die Tante sie abgenommen, am Boden der Strauß von
Orangeblüten, den sie während der Trauung getragen.

Aber halt! Dort auf dem Schreibtisch — eine Unordnung,⁴³
wie die Hast sie bewirkt, — ein blitzender Gegenstand — der
Diamantring, den er, statt des verlorenen, an ihren Schwurfinger
gesteckt — daneben ein Blatt; ihre Züge, kaum leserlich hin=
geworfen — die Tinte in der Feder noch feucht. — Zwei Zeilen!

„Ich verlasse Sie, ehe ich Sie elend mache. Denn ich liebe
Sie nicht. Ich — ich kann Ihnen nicht angehören!"

„Sie ist tot!" schreit er auf und stürzt überwältigt zu Boden.
Aber nur einen einzigen entsetzlichen Augenblick. Im nächsten
ist er wieder Herr seiner selbst, erkennt er mit dem Lichtblick³²
der Liebe und der Verzweiflung die wirkliche Lage und was sie
gebot. In diesem Moment der Hellsicht³² wurde der weich=
mütige³² Hollunder zum Mann.

Sie lebt, sie ist entflohen und nicht allein entflohen. Er weiß, er kennt den Verführer. Aber noch kann er ihn erreichen, dem Räuber seine Beute entreißen. Nicht mehr, um sie zu besitzen, nur sie zu retten vor Elend und Schmach. Die letzten Bahnzüge³² nach Nord und Süd kreuzen sich in dieser Stunde. Einer von ihnen ist der, mit welchem sie fliehen. Er muß ihnen nach. Auf dem Wege über die Brücke käme er zu spät. Der Kahn muß ihn an das andere Ufer tragen, auf dem der Bahnhof liegt. Kaum den Gedanken ausgedacht, steht er am Ufer. Die Gondel ist verschwunden. Ein ferner Ruderschlag³² bringt an sein Ohr; der Mond, hinter einer Wolke hervortretend, beleuchtet zwei jenseits landende Gestalten; das leere Fahrzeug treibt stromab. Auf dem Bahnhof läuten die Signale.

Ohne Wahl stürzt der Unglückliche⁴³ in den Fluß, um schwimmend das andere Ufer zu erreichen. In festen Kleidern ist es ein harter Kampf; allein die Leidenschaft stählt jede Fiber. Er setzt den Fuß an das Land in dem Augenblick, als ein schriller Pfiff den Abgang des letzten Zuges verkündet. Triefend, keuchend stürmt er mit letzter Kraft die Rampe hinan, erreicht er den Perron.⁸⁸ Schon ist das Signal auch für den entgegengesetzten Zug gegeben; zwei, drei Wagen hat er in Todesspannung³² durchspäht. Eine lange Reihe steht noch vor ihm, — da wiederum der herzsprengende³² Pfiff. „Halt! Halt!" schreit er mit den Geberden eines Rasenden. Der unglückliche Mann bricht leblos zusammen.

Man trägt ihn in den Wartesaal.³² Der wohlbekannte Bürger an seinem Hochzeitsabend,³² in seinem Hochzeitskleid,³² wassertriefend,³² im Begriffe zu fliehen, von einer Ohnmacht befallen — wer vermag das Rätsel zu lösen, wenn dasselbe nicht der Wahnwitz ist? Er wird umgekleidet⁸⁶ vorsichtig auf einer Bahre in das bräutlich geschmückte Sommerhaus getragen. Ein Bahnbeamter,³² der vorauseilt, die junge Frau auf das Schrecknis vorzubereiten, verwundert sich, dieselbe nirgend zu finden. Die Dienerin ist in der Mansarde eingeschlafen und weiß keine Auskunft zu geben. Unterdessen bringt man den Kranken und legt ihn in das hochzeitliche Bett. Er schlägt die Augen auf, giebt aber kein Zeichen der Besinnung. Die Ärzte der Stadt sammeln sich zu Rat und Hilfe um das Lager; die Bewohner des städtischen Hauses eilen herbei; die treue Justine, Fräulein von Schweinchen blicken händeringend³² auf das Entsetzliche, ohne es deuten zu können. So spät schon der Abend, verbreitet sich gleich einem Lauffeuer von Haus zu Haus die Kunde: Phosphorus Hollunder ist kaum eine Stunde nach seiner Trauung irrsinnig geworden — seine Frau verschwunden.

Mit dem grauenden Morgen dämmert auch ein Schimmer der Wahrheit, um im Laufe des Tages, für die Nächststehenden mindestens deutliche Gestalt anzunehmen. Mehr als Einer will am gestrigen Spätnachmittage Herrn von Hohenwart in dunkeln Civilkleidern auf der Straße, ja selbst in der Kirche gesehen haben. Sogar am Bahnhofe soll bei einbrechender Nacht eine hohe Gestalt, die der seinigen gleichen konnte, mit einer tief verschleierten Dame am Arm bemerkt worden sein. Die Richtung, welche das Paar genommen, war nicht zu erkunden.

Mit den Mittagszügen[82] eilten Fräulein von Schweinchen nordwärts, ein Freund Hollunders gen Süden den Fliehenden nach. Ohne Spur und Kunde von ihnen kehrten sie zurück, sich traurig eingestehend: Was hätte die gelungene Entdeckung dem unglücklichen Freunde genutzt, oder was seiner unglücklicheren Frau? In der Stadt hatte man seitdem erfahren, daß die Untersuchung gegen Herrn von Hohenwart niedergeschlagen, sein Abschiedsgesuch[88] genehmigt worden, auch durch den Tod eines Verwandten ihm ein bescheidenes Erbe zugefallen sei.

Phosphorus Hollunder lag während dessen im Rasestadium[82] des Fiebers, an der äußersten Marke des Lebens. Wochenlang träumte er von Blut, schäumte von Rache, schrie wütend nach dem Leben seines Beleidigers, dem Mörder seines Glücks und seiner Ehre.

*   *   *

Als aber Phosphorus Hollunder mit ausgetobtem[89] Blut sich von dieser schweren Niederlage erhob, da war er ein Anderer als in seinen glücklichen Jugendtagen; da war er der, zu welchem eine gütige Natur ihn bestimmt, die herbste Erfahrung ihn gezeitigt hatte; ein Mann, ein Mensch so lauter und fest, wie sie nur einzeln und selten uns begegnen zu unserem Troste und zu unserem Heil. So wie jene treffliche Frau es vorausgesagt, hatte ein reinigendes Bad die kindischen Farben von einem edlen Gebilde gespült und seine Schönheit offenbar gemacht. Der Täufer hatte ihn getauft mit seiner stärksten Essenz — dem Schmerz.

Phosphorus Hollunder.

Als er an einem klaren Oktobertage zum erstenmale gebeugt und bleich über die Terrasse schlich, die er so prangend für die Geliebte geschmückt hatte, und deren Rosen jetzt verduftet waren, als alle holden Hoffnungen dieses Jahres, alle Bitternis, die Fieberwut [32] der Rache noch einmal an seiner Erinnerung vorüberzogen, noch einmal die Hand sich krampfhaft ballte, da sagte er nach einem langen Blick in die Sonne, die wie ein Gottesauge groß und mild auf ihn niederschaute:

„Auch das Rohr des Schwachen trifft dann und wann sein Ziel. Soll ich ihn töten? Mich von ihm töten lassen, weil das Leben keinen Reiz mehr für mich hat? So oder so, sie noch elender machen als sie vielleicht schon ist, oder unfehlbar [43] werden wird. Nein! Die rettende That kam zu spät; die rächende ist nicht **mein** Teil; denn ich habe sie geliebt, und war es ihre Schuld, daß sie mich nicht lieben konnte?"

An dem nämlichen Tage reichte er die Scheidungsklage [90] ein, welche sein Weib von nicht einer Stunde berechtigte, das eines Anderen zu werden.

Es giebt eine Gefährtin, treuer als das Glück, hilfreicher als die Liebe selbst, das ist die Mühe. Unser Freund, der bisher mit dem Leben gespielt hatte wie ein Kind, nun suchte er sie, die sich allezeit gern finden läßt, und sie machte ihn zum Mann. Er verließ auf Jahre unsere Stadt, nicht wie früherhin, um zwischen Natur und halb verstandenen Kunstgenüssen umher zu schwärmen, nein, um zu lernen. Er arbeitete in den Laboratorien bewährter Meister, anfänglich vielleicht nur, um sich zu betäuben, allgemach indes angezogen und gebannt durch den Magnet, der in jeglicher Forschung ruht. Scheidend und verbindend prüfte er Bekanntes und gewann Unbekanntes;⁴³ heimgekehrt, verwertete er praktisch was er theoretisch erworben. Er legte die ersten chemischen Fabriken in unserer Gegend an, beförderte deren Wohlstand und seinen eigenen. Die Entdeckung und industrielle Ausbeutung unserer Kohlenlager ist wesentlich sein Werk.

Phosphorus Hollunder wurde nicht wieder Vortänzer der Gesellschaft, sang in Konzerten keine Liebeslieder mehr, bilettierte nicht mehr in Heldenrollen mit überflüssigen Gebärden vor einem lächelnden Publikum; er machte keine Verse mehr mit allbekannten Reimen und sprach im litterarischen Verein, den er begründet, nicht mehr Aufgelesenes, das er nur halb verstand, sondern wenn er sprach, war es Erkanntes über Gegenstände seines Fachs. Indem er das Notwendige sich vorsetzte, fiel ihm das Nützliche zu und das Schöne entging ihm selten. Überhaupt aber sprach er nur noch wenig. Auch in der feurigen Kugel schweigt, so sagt man, der einstmals beredsamste Mund. Aber die Angelegenheit des „königlichen Baues," Humanität und christliche Bruderpflicht,³² die hat Phosphorus Hollunder auf das Panier seines Lebens geschrieben, bekennt sie öffentlich und übt sie ohne Ermüden.

Kurz vor seiner Verheiratung hatten seine Mitbürger ihn zum Stadtrat³² erwählt. Jetzt übernahm er freiwillig das Decernat⁹¹ der Armenangelegenheiten³² und widmete sich demselben mit

einer Ausdauer, welche eine völlig neue Ordnung in diese
schwierigste aller kommunalen Aufgaben brachte und unsere
Einrichtungen zum Muster werden ließ für die gesamte Provinz.
Phosphorus Hollunder zeigte, was in einem mittleren Gemein=
wesen ein einziger wohlgesinnter und wohlgestellter Bürger
zu leisten vermag; wie er den Schlendrian verscheuchen, an=
regend auf die Lässigen wirken, durch sein Beispiel einen Wett=
eifer³² zum Besseren entzünden und sich mit allen Ständen
verbinden kann, um das, was notthut, anzubahnen und durch=
zuführen.

„Wir steuern der Verarmung und ihren entsittlichenden Fol=
gen nicht eher, als bis es den moralisch und materiell Ver=
mögenden Gewissenssache wird, die moralisch und materiell
Unvermögenden⁴³ in ihren eigensten Pflichtenkreis,³² gleichsam
in ihre Familiensorge aufzunehmen. Kümmerte nur ein Mensch
sich ernstlich und treu um ein paar fremde Menschen, ja nur um
einen einzigen, ein Haus um ein anderes, als gehöre es zu ihm,
sie würden sich nicht überbürdet fühlen; der Not und Verwahr=
losung aber würde weit gründlicher abgeholfen werden, als
durch die Mehrzahl Kraft zersplitternder Vereine, denen der
Blick in das Einzelleben,³² das Verhältnis von Person zu Per=
son entgeht."

Nach diesem Grundsatz wirkte unser Freund. Er verteilte
den Mangel unter die Fülle und sein Teil war der reichlichste.
Die Liebe, die Eine nicht beglücken, Eine nicht erwidern
konnte, sie ist zum Segen geworden für einen weiten Kreis.

Ihr Hebel in einem guten Menschenherzen war das Leid. Würde die Freude Gleiches gefördert, das Erbarmen gezeitigt haben, auf welchem im Ringen der Existenz der Sieg des Menschlichen, die Blüte des Christentums beruht? „Um die Freude am Leben nicht ersterben zu lassen, müssen wir mit unseren Brüdern und für unsere Brüder leiden lernen," so sagt nicht, aber denkt Phosphorus Hollunder.

Er ist jetzt geehrt als Forscher, angesehen als praktischer Geschäftsmann, als Freund und Wohlthäter geliebt. Er ist der würdige Vertreter unserer Stadt in der ersten gesetzgebenden Versammlung des Staates; sein Name gehört zu den geschätz= testen über jene Grenzen hinaus. Die kleine Adelspartikel[32] vor demselben wird ihm nicht entgehen, insofern ihn danach gelüstet; einstweilen trägt er einen langen Titel und verschiedentliche Ordenszeichen.[32] Sein Wohlstand vermehrt sich von Jahr zu Jahr. Die jungen Fräuleins und ihre Mütter blicken einladend auf den jungen Mann, der eine Gattin verlor, bevor er sie be= sessen hatte.

In diesem einzigen Punkte jedoch scheint dem liebreichen[32] Hollunder das Herz zu versagen. Er schätzt die Häuslichen, die Bescheidenen, auch die Gebildeten und sogar die im all= gemeinen weniger Beliebten, die man charaktervoll oder bedeu= tend nennt. S ch ö n aber ist ihm nur eine Einzige erschienen und er hat sie niemals vergessen.

Niemals jedoch und gegen niemand hat er ihren Namen wieder genannt; es wäre denn etwa gegen Fräulein von

Schweinchen, mit welcher er in freundschaftlicher Verbindung geblieben ist, und welche seit seiner Heimkehr sogar das obere Stockwerk des Hauses zum Hollunderbaum bewohnt. Die alte Dame giebt keine Sprach= und Musikstunden mehr; ihre Umstände müssen sich erheblich gebessert haben; infolge eines Vermächtnisses, wie Herr Hollunder zu verstehen giebt. Man zerbrach sich umsonst lange Zeit den Kopf, von wem und woher, und munkelte dann mancherlei, was indes weder Herrn Hollunder, noch auch der alten Dame zur Unehre[43] gereichte. Auch jede Anspielung auf ihre Nichte beantwortet sie nur mit einem Seufzer und Schütteln des ergrauten Hauptes, wennschon man weiß, daß sie in Briefwechsel[32] mit ihr steht und sogar Geldsendungen an sie abgehen läßt. Gott sei Dank, daß sie jetzt dazu im Stande ist.

Denn das Schicksal der schönen Frau hat auf die Dauer ihrer Heimat nicht verborgen bleiben können. Sie hat ihre schwere Irrung schwer gebüßt; den Mangel an Mut bis zu jener Stunde, die aus der Schwachheit eine Sünde werden läßt. Kaum daß der eheliche Segen zum zweitenmale über sie gesprochen, sind einem romantischen Traume an einem Alpensee,[32] sind dem Rausche erster Leidenschaft Kämpfe gefolgt, in welchen zwar nicht die Liebe, aber der Frieden des Herzens erlag. Sie war nicht die Natur, deren Energie den unsteten[43] Sinn eines Assur unter peinvollen Verhältnissen gebändigt hätte. Ohne Beruf, ohne die gewohnten Standesgenossen, sein kleines Erbe bald genug erschöpft, wie hätte der bis dahin rücksichtslos in das

Leben Stürmende lernen sollen, an der Seite eines einfach zärtlichen Weibes sich häuslich zu beschränken, zu erwerben, im engsten Kreise heimisch zu werden? Nicht nur die Schwäche, auch die Scham mehrte gegen Ungebühr⁸³ den Widerstand der Frau. Sie fühlte sich eine Last werden und durfte nicht klagen. Sie erntete, was sie gesäet.

Hierhin und dorthin schweifend, Vieles ergreifend, Nichts festhaltend, von unruhiger⁸³ Langeweile gefoltert, von Gläubigern gedrängt, haben abenteuernder Sinn, Not und soldatische Neigung ihn endlich in überseeische Kriegsdienste getrieben, in welchen sein Name bis heute verschollen ist.

Seine Gattin folgte ihm nicht. Ein siecher Körper, ein zartes Kind, gebrochenes Vertrauen, Scham und Gram hielten sie zurück. Aber der ewig geheimnißvolle Zug des Herzens begleitete den Schuldigen mit unsäglicher⁸³ Sehnsucht und mit unsäglichem Weh.

Kraft und Schönheit welkten rasch; durch mühselige Handarbeit ihr und ihres Kindes Leben fristend, rang sie mit harten Entbehrungen, bis der Umschlag⁹⁰ in Fräulein von Schweinchens Verhältnissen auch ihr zugute kam.⁹³ Ein brieflicher Verkehr bahnte sich an zwischen der Reuigen und der Vergebenden; eine hilfreiche Hand ward geboten und durfte nicht zurückgewiesen werden.

Mehr als ein Jahrzehnt war vergangen, als mitten in der Nacht der Geheime Kommerzienrat⁹⁴ Hollunder mit seiner alten Freundin eine Reise nach den Alpen antrat. Sie fuhren ohne

Unterbrechung Tag und Nacht; schweigend saßen sie einander gegenüber. Die Dame trocknete von Zeit zu Zeit ihre Thränen; ihr Begleiter blickte in tiefem Ernste vor sich nieder. Am zweiten Nachmittag erreichten sie ihr Ziel. Die Dame ließ sich unverweilt nach einem ländlichen Hause führen, das einsam am See gelegen war. Nach einer langen, langen Stunde folgte ihr der Freund.

Als er die schmale Treppe zu dem Giebelstübchen[32] in die Höhe stieg, bebten seine Kniee. Eine Thür stand geöffnet, um über den hölzernen Söller die Strahlen der untergehenden Sonne in das Zimmer bringen zu lassen. Auf der Schwelle war er wie gebannt. Dieses bleiche, von Harm und Not erschöpfte Weib, das todesmatt[32] das Haupt an die Brust der mütterlichen Freundin lehnte, das war s e i n Weib, vor Gott und Menschen ihm zu eigen gegeben; dies schöne Kind, blauäugig und braunlockig wie die, an deren Kniee es sich schmiegt, es ist i h r Kind, aber nicht s e i n e. — Phosphorus Hollunder gedenkt der Zeit, da er die Mutter gekannt hat nicht größer als jetzt ihre Tochter und schon damals hat er sie geliebt und sich erkoren.

Das Auge der Kranken begegnet dem seinen; er rafft sich zusammen,[95] tritt ihr ruhig und herzlich entgegen. Kein Blick zeigt einen Vorwurf; keine Miene seinen Jammer. Als aber jetzt die unglückliche[45] Frau sich erhebt, ihm entgegenwankt,[32] zu seinen Füßen niedergleitet[32] und lautschluchzend[32] seine Kniee umklammert,[66] da hält er sich nicht länger, unter heißen Thränen zieht er sie vom Boden in die Höhe, drückt sie an seine Brust und hält sie lange umschlungen.⁶⁵

Wochen hindurch saß er nun als treuester Hüter an ihrem Sterbebette.³² Selbst ohne Hoffnung suchte er Mut und Lebenshoffnung³² in ihr aufzuwecken, er rief die kundigsten Ärzte zu ihrer Hilfe herbei, sprach ihr von dem heilsamen Klima des Südens, von ihrer Tochter Erziehung und Zukunft. Die Stimme der Kranken war gelähmt, aber ihre Augen ruhten fast unverwandt⁴³ auf dem gütigen Manne, mit einem Ausdruck, der Phophorus Hollunder noch in seiner Sterbestunde³² beglücken wird. Mehr als einmal führte sie seine in der ihren ruhende Hand an ihre Lippen und legte sie dann wie zum Segen auf ihres Kindes Haupt. Phosphorus Hollunder aber zog das liebe, schmiegsame Mädchen auf seine Kniee, in seine Arme und sein stummer Händedruck³² sagte der Mutter, daß ihre Waise des Vaters nicht entbehren werde.

Als wieder der Morgen grauete, wurde die stille Kranke unruhig,⁴² ihr Atem schwer; die Tante schlief in der Nebenkammer;³² Hollunder allein saß wachend neben der Sterbenden. Das Kind, eingeschlummert an ihrer Seite, fuhr ängstlich in die Höhe und barg den Kopf an der Mutter Brust. Blankas Augen schweiften unstät hin und wieder, die Hände tasteten bald nach diesem, bald nach jenem Gegenstand. Die ersten Sonnenstrahlen fallen auf die Wand ihr gegenüber; ihr Blick haftet starr an dem Bilde, das an derselben hängt, die Arme greifen wie zum Umfangen⁶⁵ danach aus. Der Freund versteht diesen Blick. Er zieht den

Vorhang zurück, der das Bild seit seiner Ankunft verschleiert hat und Assur von Hohenwarts Züge treten zum letztenmale vor das brechende Auge seiner Frau, zaubern den letzten Rosenschimmer³² auf ihre fahlen Wangen. Sinn und Kraft sind ihr zurückgekehrt; sie richtet sich jach in die Höhe, schlingt mit Leidenschaft die Arme um ihres Kindes Haupt, preßt es an sich und legt es dann an das Herz des treuesten Mannes.

„Dein, Dein!" ruft sie mit lauter Stimme; ihr Kopf sinkt zurück, sie ist tot.

Phosphorus allein stand an dem Grabe, in welches man Blanka von Hohenwart versenkte. Eine Stunde später war er mit ihrer Tochter und der alten Freundin auf dem Wege zur Heimat. Die kleine Blanka wird unter seinem Vaterschutz³² erzogen. Phosphorus Hollunder ist glücklich; er hat ein Wesen, für das er lebt und das an ihm hängt mit der Zärtlichkeit eines eignen Kindes und mit der schwärmerischen Dankbarkeit einer Waise.

NOTES.

(1.) **Seines mit Komfort und Zierlichkeit ausgestatteten „Museums,"** 'of his museum fitted out with comfort and neatness.' **Mit ... ausgestatteten** is an attributive phrase. We often find in German, phrases, mostly introduced by a preposition, taking the position of attributive adjectives, between the article, or, as here, the possessive pronoun and its noun.

(2.) **in der Apotheke zum Hollunderbaum,** 'in the pharmacy "Eldertree," or, in the "Eldertree" pharmacy.' In Germany most pharmacies have a dedicatory name. Note the preposition **zu** to designate the relation.

(3.) **Sylvesterabend,** 'the eve of Saint Sylvester,' or the 31st of December.

(4.) **Schwesterloge,** 'sister-lodge;' denotes in this case a lodge where ladies are admitted.

(5.) **erbauen,** 'construct, build;' here, however, figuratively, 'to edify, entertain.'

(6.) **Maurer,** for **Freimaurer,** as in English, *mason* for *freemason*.

(7.) **Loge zur feurigen Kugel,** according to usage in Freemasonry the lodges have names by which they are known as constituents of masonic organizations. Comp. (2) above, and notice again the prep. **zu**.

(8.) **trocken gelassen haben soll,** 'is said to have left dry.' In German, **sollen** is often used in this manner, to express an indirect statement; f. i. **Er soll krank sein,** 'he is said to be ill.'

(9.) **Gemüt,** 'feeling or disposition,' 'heart,' 'mind.' **In seinem Gemüte entzündet,** 'he had wrought himself into a fiery enthusiasm.'

(10.) **Herzkämmerlein,** dim. for **Herzkammer,** 'heart,' 'soul.'

(11.) **Minne,** old German, and poetic expression for 'love' or 'wooing.'

(12.) **leibend und lebend,** 'as in reality.'

(13.) **Urania und die bezauberte Rose,** mediæval poems.

(14.) **Das Herz geht dem Redner über,** 'the speaker's heart is full to overflowing' (through emotion); Metaphor.

(15.) **Trümeau,** from the French, 'a large mirror, covering a part of the wall between two adjacent windows of a room,' a 'pier glass.'

(16.) **Kaftan,** 'caftan,' a Turkish or Persian robe or vestment.

(17.) **Fez,** a red cap worn by Turks, 'a fez.'

(18.) **Sein Nasenbein schlug auch nicht entfernt einen orientalischen Adlerhaken . . . ; einen Adlerhaken schlagen,** 'to take or to have the shape of an eagle's beak;' **schlagen** is here employed in the sense of form (geometrically), f. i. **einen Kreisbogen schlagen** = 'to draw a circle.'

(19.) **Jabot,** French, 'a ruffle on a shirt-front.'

(20.) **bürgerlich,** 'civic,' 'civil,' in contradistinction to **adelig,** 'noble.'

(21.) **mit übergehenden Augen,** 'with tears starting into his eyes.'

(22.) **halb sieben,** 'half past six.'

(23.) **Tolle,** 'a curl or tuft of hair over the forehead;' 'toupet.'

(24.) **den Karbonari übergeworfen,** 'the Carbonari coat thrown over his shoulders.' Karbonari, an Italian secret society of political tendencies, taking the ritual from the *carbonari* (Engl. *colliers*).

(25.) **Kräuterboden,** 'garret where herbs are stored.'

(26.) **Duenna,** Spanish; written *dueña* (pronounce *doo-enn'-ya*), 'lady,' 'chaperon.'

(27.) **wenn .... belauschen sollten.** Imaginary supposition, referring to the future. Notice the use of **sollten** in this construction.

(28.) **Stollen,** a kind of cake or biscuit, oblong in form.

(29.) **Schlafe .... hinein,** imperative of **hineinschlafen**; cf. **einschlafen**; **hinein** always signifies *entrance* into the object.

(30.) **wenn,** here not conditional, but concessive, 'though.' Originally **wann** and **wenn** were not distinguished; at present **wann** is used only in relations of time, and **wenn** mostly to introduce a condition, rarely, as here, concessively.

(31.) **des königlichen Baues,** emblematic language of freemasonry. The masons are building a spiritual temple of Solomon. Therefore 'royal construction.'

(32.) **Ehreneinladung,** 'honorary or special invitation.'— **Tischnachbarschaft,** 'table vicinity' or 'partners at dinner.'— These and similarly constructed words cannot be found in dictionaries. Such compounds abound in the German language.

(33.) **die Majorin,** fem. of **der Major,** 'the major.' Germans give ladies the title of their husbands. People of education, however, say **die Frau Major, die Frau General.** To give a title the feminine termination is faulty.

(34.) **Mir ist es nicht wie Ruhen zu Mute.** Idiomatic expression.

'I do not desire to rest,' or 'I do not feel like taking a rest.' **Wie ist es Ihnen zu Mute?** 'How do you feel?'

(35.) **Schmeichelkatze,** 'pet cat.'

(36.) **Eine Entscheidung, die sich kaum .... verzögern lassen wird,** 'a decision that can hardly be put off.'

(37.) **Schicksalssturm,** 'blow of fate.'

(38.) **Ist es mir doch niemals in den Sinn gekommen, daß du ein derartiges Los für mich im Sinne haben könntest.** Inversion of the principal sentence, instead of: **Es ist mir**... etc. ... for the purpose of rendering the predicate emphatic, generally used in excited language.

(39.) **Transpirationsmittel** (vide 32).

(40.) **Umtaufen,** 'to change one's name.'

(41.) **Spekulationsheirat** (vide 32).

(42.) **ernstgebildet,** 'sedate.'

(43.) **Undenkbar.** Notice the negative force of the prefix **un.**

(44.) **Das große Los,** 'the first prize of a lottery.'

(45.) **zu Gute halten.** Germanism. **Jemandem zu Gute halten** = 'to excuse somebody's doings; palliate.' **Ich will diesen starken Ausdruck Deiner Überraschung zu gute halten,** 'I will ascribe this severe expression to your surprise.'

(46.) **Ressourcenball.** French *ressource* (pronounce *re-ssoor-ss'*). Name used for "clubs." — **Ressourcenball,** as we say club-ball, or Odd-Fellows ball, etc., etc.

(47.) **Bonbons,** French, 'sweet-meats, candy.' **Nippes,** 'little ornaments,' 'bric-a-brac.'

(48.) **Cotillon,** French, a dance like our 'German.'

(49.) **haut pas,** French, 'platform.'

(50.) **a priori,** Lat. 'to start with,' 'to begin with.'

(51.) **unter dem Pantoffel.** The allegorical sense is here added to the real sense. **Unter dem Pantoffel stehen** = 'to be henpecked.' **Panto′ffel** = slipper.

(52.) **Selam,** Turkish, 'a greeting of flowers, a love-bouquet.'

(53.) **Frauenschöne,** vide (32). **die Schöne,** instead of **die Schönheit,** used only in oratorical or pathetic style.

(54.) **Polonaise,** French, 'a dance with which balls are generally opened in Germany.'

(55.) **Tempo,** Italian, 'time,' 'measure (of music).'

(56.) **Überseliger,** compound of **über** and **selig,** = 'too happy,' 'over happy,' 'most happy.'

(57.) **Pillendrehen,** 'to roll,' i. e. 'to make pills.' Infinitive as noun and subject.

(58.) **Schnurrbartdrehen,** 'to twist the moustache.'

(59.) **Prachtexemplar,** 'a fine specimen.'

(60.) **vortanzen,** 'to lead a dance.'

(61.) **Korb,** 'basket,' is in Germany the emblem of refusal. **Einen Korb geben** = 'to refuse,' or, in America, 'to give the mitten;' **einen Korb bekommen** = 'to meet with a refusal,' 'to be foiled.'

(62.) **Kehraus,** a synonym for the last dance of a ball, lit. 'clearing out.'

(63.) **geisterbleich** (vide 32), 'pale as a ghost.'

(64.) **wurde ein übles Prognostikon gestellt,** = 'an evil end was foretold,' or 'predicted.'

(65.) **grünumrankt,** 'enshrouded in green tendrils or twigs.' — **grün** = green; **Ranke** = tendril, twig, shoot; from which the verb **ranken,** to climb, to shoot tendrils, to run, and from which again **um-ranken,** to climb around, is compounded; and further still, **grün-um-ranken.**

(66.) **Nervenschlag** (vide 32), 'nervous paralysis.'

(67.) **stumm und stumpf starrte sie,** 'dull and dumb she stared for weeks into the empty future.'

(68.) **Zuckte ... ein mahnendes Bewußtwerden ihrer Lage ... durch ihr Gemüt, so ... So ...** introduces the principal sentence; **zuckte ... Gemüt** is the protasis of a general condition, the conditional particle having been suppressed, an inversion taking its place; it is equal to, **so oft** or **wenn** or **falls,** or **wofern** or **wann ein mahnendes Bewußtsein ihrer Lage durch ihr Gemüt zuckte so ...** The inversion has the form of a direct question; it occurs especially where the logical correlation of cause and effect between protasis and apodosis is to be rendered prominent. Compare note 30. In the inverted sentences, as here, without **wenn,** the clear and distinct *relation* often disappears, and the dependent sentence is really temporal-causal-conditional (i. e. not purely and simply conditional). The whole sentence may be rendered in English as follows: 'But whenever a warning and growing consciousness of her position and the duties thereof, present and future, flashed through her mind like a sudden spark, the oppressive sense of her helplessness would quickly disperse all hope of prompt relief.'

(69.) **feien.** Denominative verb of the almost obsolete noun **Fei,** more commonly **Fee,** 'fairy.' Meaning, 'to endow with magic powers, or to bewitch;' and, in a wider sense, 'to render invulnerable.'

(70.) **auf ... allerhöchste Begnadigung,** 'upon a pardon from the king (or other sovereign).' **allerhöchst,** *adj.* and *adv.* is used in connection with monarchs or with the privileges of monarchs; as in **Allerhöchst derselbe befiehlt ...** = 'his majesty desires, orders,' etc.

(71.) **le chevalier sans peur et sans reproche,** French, 'the knight without fear and without reproach.'

(72.) **Wanken und Schwanken,** both words mean the same thing. As used in this phrase, the changing, uncertain and doubting state of the heroine's mind are likened to the rolling and pitching of a ship in distress.

(73.) **oftmals stieg wohl die Ahnung in ihm auf** = die Ahnung stieg wohl oftmals in ihm auf, etc., etc., 'the idea frequently may have come to him.'

(74.) **Verwaistfühlen** (vide 32), **verwaist,** part. of **verwaisen,** to become or to be an orphan; (obsol.) to be orphaned. — **In dem Bangen des Verwaistfühlens,** 'feeling of sadness common to orphans.'

(75.) **eigensten,** absolute superlative, to designate a high degree (as in Latin), 'his very own,' 'in his innermost heart.'

(76.) **Umbildung** (compare note 40), 'transformation,' 'metamorphosis,' 'changing of thought or character.' — **und sie sich selbst zu einem Sporn der Umbildung ihren Neigungen gemäß werden zu lassen,** 'and to let her spur him on to a transformation of his own self in harmony with her very inclinations.'

(77.) **Bedeutungen,** here 'omens.'

(78.) **einreden** (**ein** belongs to **reden**), 'to talk to one's self,' 'to imagine,' here best rendered by 'to try to convince one's self and others.'

(79.) **Umgebung,** 'surroundings.'

(80.) **Mit wie viel Mühe und Not habe ich . . .** Inversion in form of a direct question (vide 68). Used in vivid language, and for emphasizing cause and effect. Reg. **Ich habe es mit so viel Mühe und Not . . .**

(81.) **umdrängen** (vide 65 and 79).

(82.) **herab** belongs to **sank: herabsinken.**

(83.) **Ahndung,** 'castigation,' 'vindication,' stands here for **Ahnung,** = presentiment.

(84.) **zusammen** belongs to **zuckte**: **zusammenzucken,** 'to break down convulsively.'

(85.) **umklammerte** (vide 65, 79–81).

(86.) **umkleiden** (vide 40 and 76), 'to dress anew,' 'to change dress.' The accent lies upon **um** whenever this prefix indicates a change, conversion or transfer. These verbs *are* separable. We had umtaufen ($\smile\acute{}\smile$), ich taufe um'; umbilden ($\smile\acute{}\smile$), ich bilde um'; umkleiden ($\smile\acute{}\smile$), ich kleide um'.

(87) **ob sie in die Mansarde gestiegen ist?** Ellipsis: scilicet: **Ich möchte wohl wissen ob sie in den Mansarde gestiegen ist,** 'I should like to know whether she has gone up to the attic-chamber (mansard-roof)?'

(88.) **Perron,** French, 'the platform of a railway depot or station.'

(89.) **ausgetobtes Blut,** lit. 'blood having ceased to boil,' i. e. 'calmed down,' 'quieted down.'

(90.) **er reichte die Scheidungsklage ein** (**ein** belongs to **reichte**: **einreichen,** 'to hand in,') 'he entered a suit for divorce.'

(91.) **Decernat** ($\_\ \_\ \acute{\smile}$), from Latin *decerno;* 'offices of the chief of an administration,' **das Decernat der Armenangelegenheiten,** 'the chief office of public charity.'

(92.) **Umschlag** (vide 76, 86), 'change, turn of fortune, or misfortune.'

(93.) **zu gute kommen** (vide 45), 'to benefit.'

(94.) **Geheime Kommerzienrath,** title, 'privy-counsellor of commerce.'

(95.) **er raffte sich zusammen** (**zusammen** belongs to **raffen**), 'he rouses himself,' 'he collects himself,' 'he straightens himself up.'

NOTES.

(96.) **Militairs** (French), plural, the **e** omitted. It occurs in words of French origin, for instance: die Honneurs machen.

(97.) **Man hätte sie in ein Kloster führen, sie lebendig einsargen können, sie würde keinen Widerstand erhoben haben.** Conditional subjunctive, i. e. Wenn man sie in ein Kloster geführt, sie lebendig eingesargt hätte, so würde sie keinen Widerstand erhoben haben.

Colloquial Exercises and Select German

Reader. By WILLIAM DEUTSCH, of the St. Louis High School. 5¼ by 7½ inches. Cloth. xiii + 274 pages. Price by mail, $1.00; Introduction price, 90 cts.; Allowance for old book in use, 30 cts.

THIS book is intended for the use of students who wish to speak, as well as to read, German. It is based on the theory that "little is gained by beginning with the study of grammar, and that the most successful method is the natural one by which a child learns to speak his own language; viz., by practice in conversation." It may be used with or without a grammar. The teacher may choose his own method of imparting instruction. It contains one hundred select stories, fairy tales, extracts from history and from standard novels, and twelve standard poems, all accompanied by copious English notes, well adapted to the explanation of all the difficulties in the text.

The selections are modern, idiomatic, reputable, furnishing at once the vocabulary of literature, of business, and of social life. They are well graded, and the colloquial exercises following each are made up of groups of logically connected words and phrases adapted to conversation upon the topic given. It is assumed that the student is to maintain his part in the conversation, and to put in practice what he has learned from the selections. The table of peculiar phrases and idioms, the list of irregular verbs, and the alphabetical vocabulary to the entire work, will greatly facilitate the progress of the class. All the work given has been thoroughly tested in the class-room. In fact, the book is but the outgrowth of many years of schoolroom work by one of the most successful teachers of German in the country. That the author's work is duly appreciated, appears from the use of the book in many of our leading schools and colleges, as well as from the following

TESTIMONIALS.

Frederick Lutz, *recent Instructor in German, Harvard Univ., now Prof. of German, Albion Coll., Mich.:* After having used it at Harvard for nearly one year, I can *conscientiously* say that it is an *excellent* book, well adapted to beginners. It deserves a large sale.

Henry Johnson, *Prof. of Modern Languages, Bowdoin Coll.:* Use in the class-room has proved to me the excellence of the book. The abundant examples of every-day German, and especially the grouping of logically connected words and phrases in its numerous vocabularies, are features that must commend it to any teacher of beginners. The author must be a first-rate teacher himself, and I trust that his work will find the constantly increasing sale it deserves. (*April* 3, 1885.)

Boisen's Preparatory Book of German Prose.

Containing the best German Tales, Graded and Adapted to the Use of Beginners, with Copious Notes, bound separately, and also with the text. By HERMANN B. BOISEN, A.M. 5¼ by 7½ inches. Cloth. vii + 216 + 84 pages. Price by mail, $1.10; Introduction price, $1.00. Notes and text separate at same price as when bound together.

THIS volume is intended to furnish the learner with material for *copious* reading of easy, correct, and interesting prose. The book is based upon the assumption that reading, to be profitable, must be copious, and that no unnecessary obstacles should be permitted to impede the progress of the beginner. In making the selections, the main requisite for the end proposed, *an easy style*, has been kept steadily in view; and in the first part of the book the author has rendered it still more easy by frequent alterations in construction and expression, due care being had not to mar the charm of the original. The book, with one exception, contains only selections complete in themselves, including the best tales of Bechstein, Grimm, Andersen, Hauff, Hebel, Engel, Wildermuth, Jean Paul, some of the "Musikalische Märchen," by Elise Polko, and selections from Becker's charming "Tales of Antiquity"; but not one of the pieces has been taken for the sake of its author, the selection having been made solely upon the ground of fitness for the purpose. This purpose demands judicious gradation of difficulties, and selections that will stimulate curiosity by *variety*, encourage diligence by *facility*, and reward application by *pleasure*. As for style, it is sufficient that they should strictly conform to the grammar and genius of the language; and, as for subject-matter, it is better that it should be a little below the learner's age and understanding than above it, so that the difficulties arising from the matter may not turn his attention aside from the language.

The notes are intended to supersede in a great measure the time-wasting drudgery of reference to a dictionary, but they are, for the most part, merely *suggestive*, throwing the burden of work upon the student: some, in the nature of a concordance, calling the student's attention to passages where a given word or phrase has occurred before; others recalling kindred or synonymous words; others, again, leading him to discover for himself the precise meaning of a word by calling his attention to its constituent elements. The notes are also published in a separate pamphlet, thus obviating both the inconvenience of frequent reference to the end of the book, and the temptation of deriving assistance from them during recitations, which is a serious objection to foot-notes.

OPINIONS OF TEACHERS OF GERMAN.

Hermann Huss, *Prof. of German, Princeton Coll.*: I have been using it in the class-room with mature students, though beginners in the study of German, and it gives me a great deal of satisfaction. The selection of classical prose is tasteful and judicious, because progressive and suitable for the class-room. But the chief merit of the book lies in the *notes*, which are *abundant* enough to satisfy the beginner even at a very early stage; *suggestive* enough to keep the mental activities of the student constantly on the alert; and *educational* enough to refuse a gratuitous outfit to the lazy, while assuring reward to the honest labor of the industrious. (*April* 11, 1883.)

Charles F. Smith, *Prof. of Mod. Lang., Vanderbilt Univ.*: I am delighted with it. I fully agree with the author as to the evil of introducing beginners at once into the masters of thought and style in German, and I have long felt the want of a collection of easy and interesting pieces of such length as to get beginners interested in the subject-matter of each piece, and easy enough to prevent the first few weeks in German from being mere drudgery. Prof. Boisen has given us such a collection, made with rare taste and judgment. The selections must be interesting to old and young alike. The plan of the notes is admirable. It will be easy to enkindle in the student enthusiasm for a subject in which he has, as by this method, such constant opportunity of testing the surety of his acquisitions, and can see that each day is adding to his store of words and power over the language. A recitation, conducted on the plan of these notes, must be easy, interesting, and full of life.

I am quite enthusiastic over the book, and shall introduce it next term. The print is beautiful, far surpassing that of any German text-book I have seen published in America.

Alfred Hennequin, *Dept. of Mod. Lang. and Lit., Univ. of Mich., Author of a Series of French Text-Books, etc.*: I am pleased to say that I consider this small book superior, in every respect, to other works of the same nature. The selections are especially good, and the notes contain much valuable information, which is totally lacking in most of the books prepared for beginners. (*Aug.* 28, 1883.)

Samuel Garner, *Prof. of Modern Languages, University of Indiana*: Prof. Boisen's method agrees so thoroughly with my own views, both as a learner and as a teacher, that I cannot too highly commend it. The notes are admirably clear and concise. I am so well pleased with the whole make-up of the book that I shall use it at once for my elementary classes.

Charles P. Otis, *Prof. of German, Institute of Technology, Boston*: As you know, I have used this book for the past two years, and I have found it *very satisfactory*.

T. B. Lindsay, *Prof. in Boston Univ., Mass.*: It fills a long-felt void. It is just the book that I have been looking for for several years. (*April* 25, 1883.)

A. H. Mixer, *Prof. of Mod. Lang., Univ. of Rochester, N.Y.*: It answers my idea of an elementary reader better than any I have yet seen. I shall use it and recommend it.

Grimm's Märchen.

Selected and edited, with English Notes, Glossaries, and a Grammatical Appendix, by W. H. VAN DER SMISSEN, M.A., Lecturer on German in University College, Toronto. 5¼ by 7½ inches. xii + 190 pages. Cloth. Price by mail, 80 cents. Introduction price, 75 cents.

The eight tales selected for this edition are: "Aschenputtel," "Rotkäppchen," "Dornröschen," "Der treue Johannes," "Brüderchen und Schwesterchen," "König Drosselbart," "Sneewittchen," "Hans im Glück."

THE charming simplicity of diction and thought in these tales renders them peculiarly fit for beginners to read. Colloquialisms and idioms, such as are found here in great abundance, are indispensable to the student of the language; and the sooner they are acquired, the better.

The Notes are very full, and in them more attention than usual is paid to the very important subject of *the construction of sentences* in German, a subject frequently neglected or postponed until the pupil is supposed to be ripe enough to begin translating from English into German. This delay is, in the editor's opinion, a great mistake. The pupil should, in this branch of discipline, be drilled early and drilled often, and should be made to dissect and analyze each sentence, as he reads, until he is thoroughly proficient in this regard. Next to the classical languages, no language affords so favorable an exercise-ground for this purpose as the German.

It is believed that no apology is required for the frequent repetition of grammatical rules and axioms contained in the Notes, since repetition is one of the most effectual modes of impressing truths upon the mind of the learner.

The Glossary has been prepared with unusual care, and is sufficient for the book. Words, about the pronunciation of which there could be any doubt, are properly marked. The principal parts of the verbs are given in full. In addition to the meanings and synonyms, many grammatical remarks are introduced, so that the pupil is spared the trouble of consulting a grammar or a lexicon.

The Appendix contains full sets of the most concise rules (illustrated by examples) for the construction of German sentences, and for the declension of adjectives.

The tales have been printed in the Roman character, partly to accustom the pupil to the appearance of German words in this character, and partly for the sake of the pupils' eyes.

Hauff's Das Kalte Herz.

Edited, with Notes, Vocabulary, and a Grammatical Appendix, by W. H. VAN DER SMISSEN, Lecturer on German in University College, Toronto. 5¼ by 7½ inches. viii + 184 pages. Cloth. Price by mail, 80 cents. Introduction price, 75 cents.

ENCOURAGED by the success which has attended the issue of the *Grimm's Märchen*, the publishers present this edition of HAUFF'S DAS KALTE HERZ, edited in accordance with the same principles that were followed in preparing the *Grimm*.

The many kindly notices of the latter, from teachers of German in Canada and the United States, are good evidence that the HAUFF has been unusually well adapted to the use of the student. Nowhere are sound scholarship and minute accuracy more necessary than in a work intended for elementary pupils; and nowhere, it may perhaps be added, has such work been more rare hitherto than in school-books in German.

The orthography adopted in the *Grimm* has been adhered to in the present volume. The Roman characters, so generally welcomed, have also been retained. In the Notes and Vocabulary much attention is given to accentuation and fulness of grammatical information.

W. J. Martin, *Prof. of Modern Languages, Vincennes Univ., Ind.:* It is an admirable work, making prominent the idiom of the language, supplying an excellent practical vocabulary, adopting a good orthography, and being well arranged for obtaining forms. (*Feb.* 19, 1887.)

P. B. Burnet, *Instr. in German, Ind. State Univ., Bloomington:* It is surely a most suitable text-book to follow the Grimm. There seems to be neither too much nor too little in the notes. It is well for a text-book to have a vocabulary that covers the necessary ground and no more. I shall order it right away. (*Jan.* 13, 1887.)

G. H. Horswell, *Prof. of German, Northwestern Univ. Preparatory School, Evanston, Ill.:* It is prepared with the same critical scholarship and judicious annotation as the same editor's edition of Grimm. I shall use it in my class next term. (*Nov.* 24, 1886.)

Mrs. Elise M. Traut, *Instr. in German in the Amherst Summer School of Languages:* I find it well suited for the work I do in Amherst. I expect, also, to make use of it in some of my classes next winter. (*May* 5, 1887.)

The Academy, *Syracuse, N.Y.:* The notes are ample for the explanation of all difficulties, and seem to us unusually well prepared. The vocabulary is made expressly for the story, and undertakes the by no means easy task of indicating the primary accent of each word, and, in some cases, the secondary, also. It is a model of good taste in typography, press work, and general make up. (*December,* 1886.)

Phosphorus Hollunder.

Novelle by L. V. FRANÇOIS, from Spemann's collection, arranged and adapted to use in schools, with explanatory notes by OSCAR FAULHABER, Ph.D., Professor of Modern Languages in Phillips Exeter Academy, N.H. Paper. 80 pages. Introduction price, 25 cents.

Course in Scientific German.

Prepared by H. B. HODGES, Instructor in Chemistry and German in Harvard University. With Vocabulary. 5¼ by 7½ inches. Cloth. ix + 103 + 69 pages. Price by mail, $1.10; Introduction price, $1.00.

THIS book is designed to aid English and American students of science in the acquirement of such a knowledge of German as will enable them to read with ease the scientific literature of Germany.

It assumes that the student has some knowledge of the general principles of the language, and some readiness in reading easy German prose.

The book begins with exercises in German and English, the sentences being carefully selected and arranged from text-books on Physics, Chemistry, Mineralogy, and Botany.

The second part consists of a collection of articles on scientific subjects of general interest, adapted from the writings of the first scientific men of Germany.

A Vocabulary of scientific terms and phrases — German-English and English-German — completes the work.

Such care has been taken in the arrangement of the sentences and in the choice of essays, that a student may begin this book without having had any scientific training, and become familiar with the main principles of the natural sciences at the same time that he is mastering the German.

Following the custom now observed almost universally in Germany in printing scientific works, ordinary Roman type has been used throughout this book.

Albert C. Hale, *Pres. of State School of Mines, Golden, Col.:* I became immediately interested in it, and determined to try it with our classes in the School of Mines. We have not only placed it on trial, but have adopted it as a text-book, and I am happy to say that I have never been better pleased with any text-book we have used in this institution. It meets our wants completely in its particular sphere, and we expect that our students will have acquired a good foundation for scientific reading in German after they have become sufficiently familiar with the grammar, and are prepared for a thorough examination in the course in scientific German. (*Feb.* 19, 1883.)

J. Woodbridge Davis, *Prin. of School of Mines Preparatory School, New York:* I am much pleased with it, and shall in all probability introduce it. (*April* 22, 1886.)

C. H. Stockmann, *Prof. of German, Iowa Agricultural Coll.:* It is a book well adapted for use in connection with the natural method. We shall use it next term. (*April* 29, 1886.)

W. H. Fraser, *Master of French and German, Upper Canada Coll., Toronto, Ont.:* In my opinion, a student of natural science, even one who knows ordinary German, would save much time and effort, and gain a great deal of comfort, by working through this little book before attempting a course of reading in German scientific literature. (*May* 7, 1886.)

Schiller's Ballads.

Edited, with an Introduction, Notes, and a Vocabulary (also an edition without Vocabulary), by HENRY JOHNSON, Ph.D. (Berlin), Longfellow Professor of Modern Languages in Bowdoin College. 4¾ by 7 inches. Cloth. 000 pages. Price by mail, $0.00; Introduction price, $0.00.

THE Introduction deals briefly with the relation of the ballads to Schiller's life and works. It contains, also, by way of illustration, selections from the best German criticism of the poems.

The text is based on that of Goedeke's critical (historischkritische) edition of Schiller's poems, Cotta, Stuttgart, 1871. The orthography followed is that prescribed by the present German government.

The Notes give the source of each ballad, in the words of Schiller's authorities, as far as is practical. They include also every variant appearing in the texts published in Schiller's lifetime. They have been written also with the constant purpose of assisting in the study of the poems considered as literary masterpieces.

The Vocabulary is etymological to the extent that cognate modern English words are indicated by full-faced type. It has some new features in respect to arrangement and fullness which, it is hoped, will commend themselves to the teacher. Special completeness has been aimed at in view of the needs of such as use it in translation into German of prose synopses of the poems.

This edition will contain the following ballads: "Der Taucher," "Der Handschuh," "Der Ring des Polykrates," "Ritter Toggenburg," "Die Kraniche des Ibykus," "Der Gang nach dem Eisenhammer," "Der Kampf mit dem Drachen," "Die Bürgschaft," "Das Eleusische Fest," "Hero und Leander," "Kassandra," "Der Graf von Habsburg," "Das Siegesfest," "Der Alpenjäger." [*Ready soon.*

A Practical Method for Learning Spanish,

in Accordance with Ybarra's System of Teaching Modern Languages. By GEN. A. YBARRA, Professor in the Department of Modern Languages in Martha's Vineyard Summer Institute. 5¼ by 7½ inches. Cloth. 319 pages. Price by mail, $1.30; Introduction price, $1.20.

THIS book is intended for those who wish to understand and to speak the language in a short time, and without entering into the details of grammatical construction, etc., etc. But it will enable the student who follows it to learn afterwards, without the aid of a teacher, any Spanish Grammar written in that language.

It has had a wide success in North and South America and in Europe, and has proved of great value to many travellers in Spanish-speaking countries. The president, and several members of the Royal Spanish Academy, recommend it as a text-book, as may be seen by the following testimonials.

The volume is as much used for those who speak Spanish and wish to learn English, as for those who speak English and wish to learn the Spanish, and is as largely sold for that purpose.

Each lesson is divided into three parts. The first part is made up of a vocabulary of words and phrases to be committed to memory; the second part is a reading exercise; and the third part is a practical conversation in application of what has been learned. The book is of great value to those who are obliged to learn the language without a teacher.

It is the author's present purpose to prepare soon a similar book for French, and another for Italian.

We give below a few of the many testimonials which have come to us from the various countries in which the Ybarra Method is used:—

William Wells, *Prof. of Modern Languages, Union College, Schenectady, N.Y.:* I have listened with much pleasure to the teaching of General Ybarra, have admired his system of teaching modern languages, and seen the success of his work in his classes. I shall be happy to introduce his book to my pupils in that language.   (*August*, 1883.)

Alfred Hennequin, *Department of Modern Languages, Univ. of Michigan:* It is not based on any known method, but derives its excellence from the ability as a teacher and the broad scholarship of the author. It is thoroughly practical. The work will be used by me in the University of Michigan.   (*Aug.* 25, 1883.)

Deutsche Novelletten Bibliothek.

German Novellettes. Selected and annotated by DR. WILHELM BERNHARDT, of the Washington (D.C.) High School. Vol. I. 5 by 7 inches. x + 182 pages. Cloth. Price by mail, 80 cents. Introduction price, 75 cents.

THE student of a language is most readily familiarized with its spirit by copious and rapid reading. This should therefore follow promptly upon the mastering of its elements. What to read, however, is a question often as perplexing as it is important. The difficulty of finding publications entirely adapted to this idea has suggested the compilation of the present volume. The contents of those volumes which were available were either lacking in interest to American readers, or so lengthy as to necessitate wearisome effort on the part of the student before reaching the point of the story, or they were deficient in the explanatory notes necessary to render the contents fully intelligible.

This book is intended to meet these various objections. It contains only short stories, from the best contemporary German novelists. The selections have been made with reference to simplicity of style, wealth of phraseology, and elegance of diction; and in no instance is the patience of the reader overtaxed by lack of interest in the story. Special attention has been given to the character of the notes. The etymological relations of German and English are treated fully, illustrating the formation of German words. Notes upon Art, Science, History, and Literature are liberally provided, thus increasing the interest of the student. The fact that these notes are in the German language serves the double purpose of making the notes themselves a study of German Composition, and also of supplying those teachers, who desire to combine conversational exercises and reading, with correct and available models of German conversation.

The following stories are given in this volume: —

(1) "Am heiligen Abend" (On Christmas Eve), von Helene Stökl.
(2) "Mein erster Patient" (My First Patient), von Marc. Boyen.
(3) "Der Wilddieb" (The Poacher), von E. Werner.
(4) "Ein Frühlingstraum" (A Spring Revery), von E. Juncker.
(5) "Die schwarze Dame" (The Lady in Black), von A. C. Wiesner.

MODERN LANGUAGES.

Sheldon's Short German Grammar.

Irving J. Manatt, *Prof. of Modern Languages, Marietta College, Ohio:* I can say, after going over every page of it carefully in the class-room, that it is admirably adapted to its purpose.

Oscar Howes, *Prof. of German, Chicago University:* For beginners, it is superior to any grammar with which I am acquainted.

Joseph Milliken, *formerly Prof. of Modern Languages, Ohio State University:* There is nothing in English equal to it.

Deutsch's Select German Reader.

Frederick Lutz, *recent Prof. of German, Harvard University:* After having used it for nearly one year, I can *conscientiously* say that it is an *excellent* book, and well adapted to beginners.

H. C. G. Brandt, *Prof. of German, Hamilton College:* I think it an excellent book. I shall use it for a beginner's reader.

Henry Johnson, *Prof. of Modern Languages, Bowdoin College, Brunswick, Me.:* Use in the class-room has proved to me the excellence of the book.

Sylvester Primer, *Prof. of Modern Languages, College of Charleston, S.C.:* I beg leave to say that I consider it an excellent little book for beginners.

Boisen's Preparatory German Prose.

Hermann Huss, *Prof. of German, Princeton College:* I have been using it, and it gives me a great deal of satisfaction.

A. H. Mixer, *Prof. of Modern Languages, University of Rochester, N.Y.:* It answers to my idea of an elementary reader better than any I have yet seen.

C. Woodward Hutson, *Prof. of Modern Languages, University of Mississippi:* I have been using it. I have never met with so good a first reading-book in any language.

Oscar Faulhaber, *Prof. of Modern Languages, Phillips Exeter Academy, N.H.:* A professional teacher and an intelligent mind will regard the Reader as unexcelled.

Grimm's Märchen.

Henry Johnson, *Prof. of Mod. Lang., Bowdoin Coll.:* It has excellent work in it.

Boston Advertiser: Teachers and students of German owe a debt of thanks to the editor.

The Beacon, *Boston:* A capital book for beginners. The editor has done his work remarkably well.

Hauff's Märchen: Das Kalte Herz.

G. H. Horswell, *Prof. of Modern Languages, Northwestern Univ. Prep. School, Evanston, Ill.:* It is prepared with critical scholarship and judicious annotation. I shall use it in my classes next term.

The Academy, *Syracuse, N.Y.:* The notes seem unusually well prepared.

Unity, *Chicago:* It is decidedly better than anything we have previously seen. Any book so well made must soon have many friends among teachers and students.

Hodge's Course in Scientific German.

Albert C. Hale, *recent President of School of Mines, Golden, Col.:* We have never been better pleased with any book we have used.

Ybarra's Practical Spanish Method.

B. H. Nash, *Prof. of the Spanish and Italian Languages, Harvard Univ.:* The work has some very marked merits. The author evidently had a well-defined plan, which he carries out with admirable consistency.

Alf. Hennequin, *Dept. of Mod. Langs., University of Michigan:* The method is thoroughly practical, and quite original. The book will be used by me in the University.

For Terms for Introduction apply to

D. C. HEATH & CO., Publishers,

BOSTON, NEW YORK, AND CHICAGO.